法学 视野下的 "深圳质量

打造深圳质量的法制保障体系研究

夏林华　著

海天出版社

·深圳·

图书在版编目（CIP）数据

法学视野下的"深圳质量"：打造深圳质量的法制
保障体系研究 / 夏林华著. — 深圳：海天出版社，
2020.12

ISBN 978-7-5507-3035-9

Ⅰ. ①法… Ⅱ. ①夏… Ⅲ. ①社会主义法制－建设－
研究－深圳 Ⅳ. ①D927.653

中国版本图书馆CIP数据核字(2020)第204544号

法学视野下的"深圳质量"：打造深圳质量的法制保障体系研究
FAXUE SHIYE XIA DE "SHENZHEN ZHILIANG"：DAZAO SHENZHEN ZHILIANG DE FAZHI BAOZHANG TIXI YANJIU

出 品 人　聂雄前
责任编辑　熊　星
责任校对　岑诗楠
责任技编　郑　欢
装帧设计　知行格致

出版发行　海天出版社
地　　址　深圳市彩田南路海天综合大厦（518033）
网　　址　www.htph.com.cn
订购电话　0755-83460239（邮购、团购）
设计制作　深圳市知行格致文化传播有限公司　Tel：0755-83464427
印　　刷　深圳市晶宇印刷有限公司
开　　本　787mm×1092mm　1/16
印　　张　15.25
字　　数　167千
版　　次　2020年12月第1版
印　　次　2020年12月第1次
定　　价　58.00元

前 言

PREFACE

习近平总书记在党的十九大报告中明确指出："我国经济已由高速增长阶段转向高质量发展阶段。"中央经济工作会议强调："中国特色社会主义进入了新时代，我国经济发展也进入了新时代，基本特征就是我国经济已由高速增长阶段转向高质量发展阶段。"这是以习近平同志为核心的党中央根据国际国内环境变化，特别是我国发展条件和发展阶段变化做出的重大判断。

2019 年 8 月 18 日，《中共中央 国务院关于支持深圳建设中国特色社会主义先行示范区的意见》发布。《意见》提出了将深圳建设成为高质量发展高地、法治城市示范、城市文明典范、民生幸福标杆、可持续发展先锋的战略定位，为深圳的未来发展指明了前行方向和目标。

质量是时代的强音，行动是理念的诠释。"高质量发展"已成为深圳经济社会发展的指挥棒。"常制不可以待变化，一途不可以应无方"，从"深圳速度"向"深圳质量"的转变，不仅是新时代深圳的使命及根本价值追求之所在，更是深圳立足实际、彰显深圳气魄的前瞻布局和战略抉择。21 世纪经济研究院于 2020 年 7 月 31 日发布《2020年中国城市高质量发展报告》，通过综合、创新、协调、绿色、开放、共享六大维度，33项二级指标，对全国35个大中城市高质量发展成效进行测评。测评结果显示，"北上广深"四大一线城市组成第一梯队，深圳拿下综合、协调、绿色三项单项冠军，排名位居城市高质量发展榜首。

深圳交出一份先行示范高质量发展闪亮的成绩单，其成绩单的背后离不开法制的保障，质量法制对深圳质量建设起支撑和促进作用。作为改革开放的前沿城市，深圳一直高度重视法制建设，确立各项法律制度，从司法、执法、守法、立法、法律监督等各方面来保障质量建设。率先提出建设"法治中国示范城市"的战略目标，把"法治化"作为全面深化改革的突破口，对标新要求，谋划新举措，不断推进法治政府建设，取得了积极成效。

2020年6月19日，中央全面依法治国委员会办公室发布《关于第一批全国法治政府建设示范地区和项目名单的公示》，深圳入选全国法治政府建设示范市。这是中央全面依法治国委员会办公室力求树立新时代法治政府建设新标杆，开展的第一批法治政府建设示范地区评估认定活动。据介绍，深圳高度重视并积极参与法治政府建设示范创建活动，深圳早在2008年，就在全国率先出台《深圳市法治政府建设指标体系（试行）》，并依托该指标体系大力推进全市法治政府建设，依法行政各领域工作取得了较好成绩。近五年来，深圳在广东省依法行政考评中均被评定为优秀等次且三次位列第一，在2017年荣获中国法学会行政法学研究会和中国政法大学法治政府研究院颁发的"法治政府建设典范城市"称号，在中国政法大学法治政府研究院开展的"全国百城法治政府评估"中也多次排名第一。

深圳政府按照全面依法治国的要求，建立健全质量法律规范体系，完善制约保障机制，取得了令人瞩目的成绩，对促进深圳质量建设起到了保障作用。未来，深圳在法治轨道上继续推进和深化改革，把制定和完善法律法规这一基础性工作贯穿于深圳质量建设的全过程，使重大改革依法有据。我们要认真贯彻落实习近平总书记对深圳工作的重要指示批示的精神，在朝着建设中国特色社会主义先行示范区的方向前行、努力创建社会主义现代化强国的城市范例过程中，要更加重视发挥法治领域的先行示范作用，更加重视加强法制建设的宏观统筹，加快法治中国示范城市建设，为建设质量强市、实现伟大的"中国梦"做出更大贡献。

本书在研究过程中，从法学的视角，就如何实现深圳高质量发展、打造深圳质量的法制保障体系这一主题，提出了一系列观点并进行阐述，对深圳质量的法律保障进行了梳理和总结，内容全面而系统，为新时期深圳高质量发展的法制保障提供更加有益的参考和更有价值的借鉴。在此书撰写及研究中，得到了多位师长、领导、朋友的诸多帮助和支持，在此一并表示感谢！

目 录

CONTENTS

第一章
"深圳质量"概念的提出

1

第二章
"深圳质量"与"质量法制"

第三章
城市生态环境质量建设的法制问题

第四章
经济发展质量的法律保障

第五章
文化质量建设的法制保障

第六章
社会发展质量的法制保障

第七章
城市建设管理质量的法制保障

第八章
政府服务质量的法制保障

第一章

CHAPTER 1

『深圳质量』概念的提出

党的十八大以来，以习近平同志为核心的党中央把质量摆到了重要战略高度。习近平总书记"三个转变"重要论述，以及在中央经济工作会议上明确提出的"下最大气力抓全面提高质量"等指示部署，为深圳迈向"质量时代"提供了重要理论指导和行动指南。按照中央要求，数年来，深圳坚持实施"质量强市"战略，加快打造深圳质量，带动了经济社会发展质量全面提升。

在接下来的工作中，深圳将牢固树立"质量第一"的强烈意识，把质量抓得更紧更实，努力走在"质量时代"最前列，将质量强市战略作为城市发展的长远重大战略，持之以恒地推进下去。

现在的深圳已成为国内城市发展的标杆，落实新发展理念的标杆，创新质量发展体制机制、打造标准国际化创新型发展的标杆，走质量效益型发展道路的标杆。深圳须准确把握质量工作面临的新形势与任务要求，围绕落实中央有关质量发展的大政方针，继续在发挥质量法治作用、开展质量提升行动、加强质量基础建设三个方面创经验、做示范，继续担当好新时期城市质量发展的"排头兵"。

第一节
"深圳速度"为"深圳质量"奠定了基础

一、经济结构持续优化，经济总量位居全国前列

2019 年 8 月 18 日，《中共中央　国务院关于支持深圳建设中国特色社会主义先行示范区的意见》正式发布。

支持深圳建设中国特色社会主义先行示范区，这是习近平总书记亲自谋划、亲自部署、亲自推动的重大国家战略，是中国特色社会主义又一伟大实践的重大时代性开启，是继建立经济特区后深圳迎来的又一重大历史机遇。

（一）深圳打造高质量发展高地

2019 年，深圳经济总量、新增商事主体、国家高新技术企业数量、辖区公共财政总收入、制造业利润等主要经济指标显示，深圳经济稳中向好、稳中提质，结构日趋优化，实现高质量发展。2020 年，深圳坚定不移贯彻新发展理念，全面提高经济整体竞争力，经济总量位居全国前列。深圳以创新驱动和改革开放为"两个轮子"，推动深圳经济发展质量变革、效率变革、动力变革，经济结构不断优化，呈现"四个为主"特征：全市产业以高新技术、金融、物流、文化产业"四大支柱"产业为主，经济增量以战略性新兴产业为主，规模以上

工业以先进制造业为主,第三产业以现代服务业为主。

2020年,深圳生产总值增速从一季度的 –6.6%,到二季度的 6.2%,上半年同比实现了 0.1% 的增长。据2020年深圳市政府网站统计数据显示:由于中美贸易摩擦的影响,深圳上半年出口降幅较一季度收窄 15.2%,进口同比增长了 6.5%;在美国对我国高新技术企业持续不断地无理打压的形势下,华为上半年仍实现销售收入、净利润分别增长 13.1%、9.2%……这些增长,是在2020年外部环境极为复杂、挑战冲击极为严峻的情况下实现的,殊为不易,更凸显高质量发展的"含金量"。

(二)新经济成"主引擎"

深圳拥有战略性新兴产业、未来产业、现代服务业、优势传统产业"四路纵队",形成经济增量以战略性新兴产业为主、规模以上工业以先进制造业为主、第三产业以现代服务业为主的"三个为主"的产业结构,形成梯次形现代产业体系。

截至2020年年初,深圳第二产业和第三产业占比约为 40∶60,第二产业比重稳定在 40% 左右,以制造业为核心的实体经济得到进一步强化。

深圳新经济占比较大,发展成为经济增长主引擎。现代物流、金融服务、高新技术、文化创意四大支柱产业增加值占市生产总值比重逾6成,新经济占市生产总值比重约为 2/3。其中,第三产业以现代服务业为主,占比超过 70%;规模以上工业以先进制造业为主,占比超过 70%；战略性新兴产业占市生产总值比重 38%。专家表示，深圳经济结构持续优化，现代服务业和先进制造业的比重不断提升，令深圳市的生产总值含金量更高。

（三）深圳市生产总值增长 6.7% 的经济亮点

2019 年 1 月 22 日，深圳市统计局发布了 2019 年深圳经济运行情况，全市地区生产总值 26927.09 亿元，如果按照可比价计算，深圳市生产总值增速为 6.7%，提前完成"十三五"规划目标任务。

梳理过去几年的深圳市生产总值表现，2016 年经广东省重新核算后，深圳市的地区生产总值首次超过 2 万亿，2017 年为 2.2 万亿，2018 年超过 2.4 万亿，2019 年超 2.6 万亿。如果能维持一定的增速水平，两年后，深圳市生产总值将大概率迈向 3 万亿。

（四）新动能强劲澎湃

发展动能强劲。深圳将 30% 的市本级财政科技专项资金投向基础研究和应用基础研究，提高原始创新能力，强化开放创新和协同创新。在 2019 年深圳新增国家级高新技术企业 2700 多家，总量超过 1.7 万家。在 2020 年的国家科技奖励大会上，深圳有 20 个项目获得国家科技奖，取得历年来最好成绩。

充满市场活力。2019 年，深圳新登记商事主体 50 多万家、总量超过 320 万家，新引进人才为 28 万人，成为全国人口净流入规模最大的城市，发展更具韧性和活力。

完备的产业生态，良好的营商环境，吸引众多产业巨头和高端项目"抢滩"深圳。2019年，深圳举行全球招商大会，现场签约项目128个，总投资超过5600亿元。

深圳信心百倍。深圳迎来粤港澳大湾区和深圳先行示范区"'双区'驱动"的重大历史机遇，以及综合性国家科学中心建设的新机遇，这将为深圳高质量发展注入新活力、新动力。

2020年深圳坚持以粤港澳大湾区建设为纲，以深圳先行示范区建设为总要求、总牵引，在更高层次、更高起点、更高目标上推进改革开放，推动创新发展，主动对标全球最优最好最高最强，集聚更多高端企业、高端要素、高端资源、高端人才，加快迈向全球价值链中高端，不断提升新势能、壮大新动能，打造粤港澳大湾区强大核心引擎，成为高质量发展的高地。

40年前，党中央决定建立深圳等经济特区，发挥对全国改革开放和社会主义现代化建设的重要窗口及示范作用；在新中国成立70周年和"两个一百年"奋斗目标的历史交会期，时代再一次把深圳推向前台。

自2019年以来，深圳把学习贯彻落实《中共中央 国务院关于支持深圳建设中国特色社会主义先行示范区的意见》精神作为增强"四个意识"、坚定"四个自信"、做到"两个维护"的具体行动，认真贯彻落实省委"1+1+9"工作部署，以粤港澳大湾区建设为纲，深圳先行示范区建设为总要求、总牵引，推动先行示范区建设开好局、起好步，充分彰显习近平新时代中国特色社会主义思想强大的思想力量、真理力量及实践力量。

预计到 2025 年，深圳发展质量、经济实力跻身全球城市前列，产业创新能力和研发投入强度达到世界一流，文化软实力大幅提升，生态环境质量和公共服务水平达到国际先进水平，建成现代化国际化创新型城市。到 2035 年，深圳高质量发展将成为全国典范，城市综合经济竞争力世界领先，建成具有全球影响力的创新创业创意之都，是我国建设社会主义现代化强国的城市范例。到本世纪中叶，深圳将以更加昂扬的姿态屹立于世界先进城市之林，成为影响力、创新力、竞争力卓著的全球标杆城市。

二、营商环境持续优化，政务服务水平居全国前列

进入 2019 年，"营商环境"成为各大城市开年热词。从"给政策""抓项目"到"优生态""造环境"，营商环境已经成为牵引新时期改革开放发展的一个全新抓手。作为被习近平总书记点名率先加大营商环境改革力度的城市之一，深圳从 2017 年就开始聚焦营造稳定、公平、透明、可预期的营商环境，坚持对标最高最好最优，以"营商环境改革 20 条"为统领打出一套改革组合拳，不断打造营商环境的"升级版"，加快形成管理最规范、服务效率最高、综合成本最佳、市场最具活力的国际一流营商环境，城市发展的吸引力、创造力、竞争力进一步增强。

（一）优质项目有地可用

2019 年 11 月，深圳宣布首次集中推出 30 平方千米产业用地用于全球招商，助力深圳打造具有全局性和战略性的产业发展新格局，确保优质项目有地可用。为鼓励企业落户深圳，扶持实体经济发展，深圳还在量质并举保障产业空间、持续降低企业成本等方面频出"大招"。早在 2018 年 5 月就出台《深圳市总部项目遴选及用地供应管理办法》，2019 年 4 月出台《深圳市工业及其他产业用地供应管理办法》，2019 年 10 月出台《深圳市宗地地价测算规则》等相关政策，分别从加强监管、优化程序、降低成本等方面鼓励和扶持实体企业在深圳市获得产业发展空间。

（二）知识产权行政保护

2020 年，深圳知识产权保护工作取得新突破。7 月 14 日，国家知识产权局发布了第 21 届中国专利奖授奖决定。第 21 届中国专利奖获奖单位中，深圳市有 70 项，其中中国专利金奖 3 项、中国外观设计金奖 2 项、中国专利银奖 4 项、中国外观设计银奖 2 项、中国专利优秀奖 55 项、中国外观设计优秀奖 4 项。深圳市知识产权局获得第 21 届中国专利奖优秀组织奖。

2019 年，深圳的专利申请量、授权量、授权量增速及有效发明专利 5 年以上维持率和 PCT（专利合作协定）申请量 5 项指标都是全国第一，其中 PCT 申请量约占全国 PCT 申请总量的 30.74%，连续 16 年居全国第一。每万人口发明专利拥有量 106.3 件，是全国平均水平的 8 倍。

种种亮眼创新数据的背后，是深圳实行最严知识产权保护，为创新保驾护航的坚定决心。深圳全面推进知识产权保护机制建设，深入开展知识产权领域立法改革，走出了一条具有深圳特色的知识产权行政保护之路。

（三）深化住房制度改革

深圳坚持以人民为中心的发展思想，坚持"房子是用来住的，不是用来炒的"发展理念，率先启动新一轮住房制度改革，于 2018 年 8 月出台《关于深化住房制度改革加快建立多主体供给多渠道保障租购并举的住房供应与保障体系的意见》。这是全国首个落实十九大精神深化住房制度改革的文件，其影响之深、力度之大，被称为深圳历史上的"第二次房改"，改革取得初步成效：多主体供给多渠道保障的格局初步形成。加大居住用地供应，2020 年计划供应居住用地 3 平方千米以上，新增土地将主要用于公共住房建设。开展大规模建房行动，在建项目 237 个，将提供近 16 万套公共住房。在"十三五"期间，建设筹集公共住房 43.4 万套，超越过去 30 年政策性住房总和，平均每年建设筹集数量是"十二五"期间的 2.4 倍。

（四）营业执照"秒办"

在深圳开办企业很便利，"秒批"，零成本，一天内即可办理完毕。自 2020 年 3 月起，深圳再次升级"开办企业一窗通"3.0 版系统，参保、公积金开户等开办环节全程实现"秒批"，开办企业"零成本"。营商环境的改善不仅能持续吸引投资，还能激发人们在深圳创新创业的热情。2020 年上半年，深圳市新登记商事主体 237209 户，同比增长 1.3%。

（五）"非接触式"办税

"一次也不跑，全程网上办"成为深圳窗口办税常态。超过 99% 的申报业务实现无纸化，83% 的业务一次办结，120 项业务"最多跑一次"，窗口平均办理时长只需 6 分钟……自疫情暴发以来，深圳税务部门积极推进"非接触式"办税，优化 6 项电子税务局办税功能、大力推广"@深税"移动办税平台，基本实现业务全程网上办，网上申报率高达 99.8%。同时，智能化的办税窗口和服务厅取代了传统的办税大厅，智能化办税场景在深圳越发常态化。走进深圳办税服务厅，手机登录"导税管家"，摘掉口罩就可"刷脸取号"；还能通过小程序提示带领纳税人走完办税全流程；自助机前，在屏幕上手指一点，就可领到发票。

（六）"智慧报装"新体验

结合深圳新型智慧城市和"数字政府"建设，南方电网深圳供电局已接入政务信息共享平台，在广东率先实现"零资料、零审核"的无感低压用电报装，刷刷脸，用电报装一次搞定！在南山智慧营业厅智能服务终端机前，只需刷脸验证身份，并通过平台验证商事及产权信息，一分钟内就能办好报装手续。深圳供电局还率先在南方电网实现水电气窗口相互进驻、业务一口受理的三厅融合模式，避免了客户来回跑、多头跑。

在供水方面，深圳水务集团聚焦客户用水接入需求，着力精简申请材料、优化办理流程、压缩办理时限、健全一站式办理和互联网＋服务机制等。另外，还通过建立政务服务与供水服务联动机制，实现在客户办理房产过户的同时为客户办理用水开户、过户等配套业务；在企业客户申报社会投资备案得到批复后或申请建设工程规划许可时，根据客户用水需求提前介入、主动服务，实现用水报装"免申请"。

深圳燃气集团简化用气报装资料、用气报装流程，缩短用气报装时限，让客户切实感受到事情快速办、便宜办、容易办。2019 年至今，精简优化报装流程，燃气办理流程由 7 个精简为用气申请、验收通气 2 个环节。同时，充分利用信息化共享手段，客户需要提供的材料由原来的 7 项减少为 3 项。另外，大幅压缩客户用气报装时间，企业用气报装平均办理时长约为 4 个工作日，最短办理时长仅为 1.5 个工作日。

（七）"网上办、不见面"

自 2019 年以来，深圳市充分发挥互联网接受程度高、信息化基础好的优势，大力推进"互联网＋政务服务"改革，以数字政府建设推动网上政务服务能力不断提升，将政务服务水平转化为深圳营商环境优化的软实力。深圳网上政务服务能力在 2020 年蝉联全国重点城市第一。数据显示，截至 2020 年 7 月，全市 88% 的政务服务事项实现零跑动，99.92%的政务服务事项实现最多跑一次。深圳"秒批"涉及在职人才引进、高校应届毕业生落户、高龄老人津贴申请、网约车许可申办等236个事项。"网上办、不见面"是老百姓办事的新常态。通过实施打造全市统一政务服务App"i深圳"，深圳已实现了"只用一个App就能畅享全市综合服务"的目标，无论是交通出行、智慧教育、医疗健康，还是身份认证、社会保障、生活缴费，都能"一站式"办齐。

（八）"两步申报"通关提速

深圳海关于2020年6月15日在文锦渡口岸和盐田综合保税区实施"两步申报"改革试点。至此，深圳海关已在海陆空口岸及特殊区域全面推广"两步申报"改革试点，大幅压缩了陆运和海运进口货物整体通关时间。"两步申报"是海关主动适应国际贸易特点和安全便利需要所采取的一项重要通关改革措施。"两步申报"将申报进口过程分成两步：第一步，企业凭提单上简单的主要信息先完成概要申报，可先提离货物；第二步，在运输工具申报进境起14日内完成完整申报，并补充提交满足海关统计、税收征管等所需相关信息和单证，按规定完成税款缴纳等流程。

（九）不动产登记全面信息化

深圳市充分利用信息技术进行不动产登记，全面推行"互联网＋不动产抵押登记"，通过信息比对自动化、申请材料电子化、人脸识别智能化、签名签章电子化等多种手段，真正实现企业和群众办理贷款和抵押权登记时，"一天出证"，"24 小时不打烊"自助申请，"只跑一趟腿、交一次材料"。深圳市不动产登记中心自 2019 年 7 月 1 日起在全市各不动产登记所登记窗口全面推行人脸识别系统。在便民利企上更进了一步：一是提高了效率，节省人力和时间；二是降低风险，保障权利人的合法权益。深圳市不动产登记中心综合运用人工智能、大数据等先进技术手段，不仅通过"人脸识别"技术，还通过数字证书登录的方式保证申请人身份信息的真实性。

（十）金融支持小微企业

市政府出台一系列深化民营和中小微企业金融服务的系列政策。围绕金融支持稳企业保就业，执行、落地、激励和配套各项措施，进一步降低企业融资成本。切实利用普惠小微信用贷款支持工具和阶段性延期还本付息支持工具，大幅增加小微企业首贷、信用贷款、无还本续贷，对符合条件的普惠小微企业贷款，做到"应延尽延"。数据显示，深圳上半年普惠小微贷款余额同比增长 35.5%，新增普惠小微贷款占各项贷款增量的比例为 22.8%。普惠小微企业授信 60.12 万户，比年初增长 7.90 万户，增幅达 15.1%。相关指标均高于全国平均水平。

三、高标准加强城市规划建设管理，城市环境品质再上新水平

一流城市要有一流规划建设，一流环境品质吸引一流人才。市容环境品质的好坏、城市规划建设水平的高低，已成为城市参与竞争的关键因素，成为衡量城市竞争力的核心要素。

作为一座新兴城市，深圳的规划和建设历来备受人们关注。经过40年的发展，深圳已经成为我国人口密度最大、地均产值最高、城市面积最小的"超大城市"。作为城市下一步发展空间方面的纲领性文件，《深圳市国土空间总体规划（2020—2035年）》正在紧锣密鼓地制订。

2019年7月24日，中共中央总书记、国家主席、中央军委主席、中央全面深化改革委员会主任习近平主持召开中央全面深化改革委员会第九次会议并发表重要讲话。会议审议通过了《中共中央　国务院关于支持深圳建设中国特色社会主义先行示范区的意见》。该《意见》指出，深圳要在2035年成为社会主义现代化强国的城市范例，明确提出深圳要坚持生态优先，加强陆海统筹，严守生态红线，保护自然岸线，并且要深化自然资源管理制度改革，创新高度城市化地区耕地和永久基本农田保护利用模式。面对更高的要求，深圳直面发展的困境与挑战，这一次国土空间总体规划将城市治理问题纳入其中，描绘出更为清晰的城市发展蓝图。

（一）历史遗存保育，打造文化名片

探索符合深圳特色的历史文化遗产保护体系，充分挖掘、系统整合并保护各类历史文化遗产。创新完善保护与活化利用制度与机制，深入挖掘文物所蕴含的文化内涵和时代价值，创新探索多元历史建筑功能活化模式，鼓励历史风貌区和历史建筑的活化利用，延续历史文脉。进一步弘扬开放多元、兼容并蓄的城市文化和敢为人先、敢闯敢试、埋头苦干的精神，通过系统规划、精细化设计，把分散的文化资源整合串联集聚起来，打造先锋创意文化、海洋文化、移民文化、改革开放文化、历史文化融合一体，具有深圳特色和韵味的城市文化品牌。

（二）塑造景观风貌，打造高品质城市开敞空间

依托深圳独特的自然地理空间格局和生态基底，进一步塑造"山、海、城"整体景观风貌。尊重自然生态禀赋，统筹各类空间资源，彰显海洋文化特色，整合特色人文要素，促进陆海文化融合，塑造形成可感可游、山海贯通、连接城市与自然的整体景观风貌。完善"自然公园—城市公园—社区公园"三级公园体系，合理布局公园，加强开敞空间连通度，完善绿道建设，推进碧道、森林步道规划建设，进一步提升公园绿地、广场等开敞空间的可达性和便民性，发展立体绿化，提升开敞空间品质。

（三）探索空间再造与空间协作

一方面，用好用足"专项工具箱"，打出"组合拳"，强化各方式之间的统筹和融合，综合运用城市更新、棚户区改造、土地整备、违法建筑处置、闲置用地处置等存量空间再开发实施手段。另一方面，以重点更新单元、较大面积产业空间整备片区的方式，推动以城市更新、土地整备为主导的存量用地成片连片开发，促进片区功能整体提升。坚持立体开发，鼓励三维立体空间复合利用，统筹地上地下空间利用，提升建筑空间使用弹性，适度引导建筑功能置换，实施密度空间分区管制，实现城市建设用地塑造资源紧约束地区高品质的国土空间。对重点片区进行城市设计，进一步挖掘城市空间的三维利用效率，提升品质效益。积极推进与周边城市空间协同发展，推动公共服务共享共建，大力推进基础设施建设，加强科技创新。打造深圳"飞地型"新城区，增强合作区对深圳高端产业要素的吸引力与承载力，加强合作区与深圳一体化发展，完善合作区综合交通网络，推动合作区高效融入大湾区。

（四）全面提升城市环境品质

城市管理关系到居民生活的方方面面，其工作极端复杂，稍有不足就会被人诟病。但与此同时，城市管理也最能反映一座城市的"里子"，综合体现着市容环境品质与城市竞争力。深圳对此有着深刻的认识。深圳早在几年前就确立了"环境立市"的战略目标，迎难而上，把城市管理工作作为城市主业来抓，把城市环境品质提升到了城市生产力、核心竞争力的高度。

以一流的环境吸引一流的人才，以一流的人才兴办一流的企业。深圳对城市管理的重视程度及投入力度，并不亚于抓招商引资，抓重大项目建设。深圳之所以能有今天的高速发展，成为各方人才投资创业的"天堂"，建设"生活品质之城"、不断打造全国最干净城市功不可没。以环境卫生为例，深圳早已建立环卫第三方监管机制，充分利用信息化手段提升监管水平，统筹推进，系统考虑，超前规划，城市管理、规划、建设等部门各司其职、各负其责，形成城市管理的顺畅链条，是深圳城市环境品质不断提升的法宝之一。

2018年7月17日，深圳市委六届十次全会提出，深圳将着力提升城市现代化，努力走出超大型城市管理治理新路。深圳高标准推进城市规划建设管理，通过全面综合治理城中村、打造"世界著名花城"等一系列实际举措，进一步提升了城市环境品质。

现在，深圳市城市管理和综合执法局针对城市绿化组织了中期检查和日常抽查，共普及换种苗木3万多株，整治黄土裸露47万平方米，整治浮土近10万平方米，清理绿化垃圾2万多吨，处理行道树树穴7139个，梳理修剪过密植被79万平方米，规范护树设施7896套，107项绿化短板问题基本整改完成。

在花城建设方面，深圳市已经建成花漾街区79个、花景大道23条，对120多个城市重要区域和地点进行了绿化提升，"一路一花、缤纷多彩"的花城景观正在形成。

除了绿化整治之外，2017年11月，深圳市政府制定出台了《深圳市"城中村"综合治理行动计划（2018 — 2020 年）》和《深圳市城中村综合治理标准指引》，以环境卫生治理、市容秩序治理、社区治安、消防安全等十个方面为重点，实现了 1600 个城中村的蝶变。

四、生态环境治理取得丰硕的成果

2019 年深圳市全年空气优良天数，PM2.5 年均浓度，危险废物、生活垃圾、医疗废物安全处置率，饮用水源地水质达标率等生态环境主要指标，均位居全国大中城市前列，经济效益和生态效益实现"双提升"。深圳市在经济高速增长的同时，加快体制机制创新，始终把生态文明建设作为推动可持续发展的内在要求，探索出生态文明建设的深圳模式。

（一）创新管理制度，编制自然资源资产负债表

创新生态环境管理制度是提高生态监管质量和效率的"金钥匙"。深圳市积极探索运用市场和科技手段创新生态环境管理制度，提高生态环境监管质量和效率。

资产需清点，自然资源也不例外。深圳市为了摸清生态"家底"，编制自然资源资产负债表，研究建立深圳市自然资源资产核算体系。2015 年以大鹏新区为试点，在全国率先启动自然资源资产负债表编制工作。此后，在试点经验的基础上，完成《深圳市自然资源资

产负债表编制技术规范》的编写，为深圳市自然资源资产负债表编制提供了科学标准。

摸清了"家底"，还需建立资源环境承载力监测预警指标体系和技术方法，提高资源环境承载力预警的科学性，深圳完成了《深圳市典型区域资源环境承载力现状图》等成果，初步建立了一套适合深圳市不同类型、不同主体功能定位的资源环境承载力监测预警指标体系和技术方法，为实现资源环境承载能力监测预警制度化、常态化、规范化，建立和资源环境承载能力相适应的生态保护模式，奠定了坚实的基础。

此外，深圳市通过率先试点环境污染强制责任保险和碳排放权交易，以法治化、市场化途径解决环境污染损害赔偿问题，以促使企业节能减排、加强环境风险管理。

（二）强化生态理念引领，科学谋划生态文明体制改革

深圳作为全国一线城市，在北上广深中面积是最小的，其资源、空间、环境容量有限，较早地承受了环境的压力。我们要充分认识到生态资源是深圳长远发展的基础，生态环境是深圳竞争力的关键因素，生态质量是深圳质量的重要内容。

深圳市科学谋划生态文明体制改革，积极探索具有深圳特色的生态文明发展模式，贯彻"绿水青山就是金山银山"的科学论断。先后印发《关于加强环境保护建设生态市的决定》《关于推进生态文明、建设美丽深圳的决定》等，完成《深圳市生态文明建设规划》，把生态文明建设融入政治、文化、经济、社会建设各方面，落实在城市管

理、规划、建设各领域。

"生态红线"就是"高压线"。深圳以铁线铁腕铁律管控"生态红线"。早在 2005 年就率先出台《深圳市基本生态控制线管理规定》，将市内近一半的土地划定为基本生态控制线范围，明确规定深圳市生态用地的比例不得低于 50%。10 多年来，空间格局不断优化，线内面积不减，生态质量逐步提升。

（三）发挥绿色考核作用，让环保实绩成最大考核项

深圳推动环保实绩成为干部任免奖惩最大考核项，积极探索开展生态文明建设考核追责，发挥绿色考核的重要导向和约束作用。早在 2007 年深圳就出台了《深圳市环境保护实绩考核试行办法》，随后在 2013 年出台《深圳市生态文明建设考核制度（试行）》。多年来深圳市生态文明建设工作占党政实绩考核的比例在 20% 左右。在生态建设考核中，深圳市注重把重点整治任务同干部的考核指标紧密结合起来，出台相应工作方案，对查处违法用地、黑臭水体治理和整治违法建筑工作等，开展了干部专项考核。其中，将生态文明建设考核列为全市七项"一票否决"考核之一。

此外，深圳市为了促使各级干部转变发展观念，实施最严厉的生态环境责任追究机制。有效树立绿色发展政绩导向，编制深圳市生态环境保护权责清单，制定相关细则，定责、分责、追责的制度链条逐步健全、完备。构建科学合理的自然资源资产负债表体系，率先开展领导干部任期生态审计试点，对领导干部在任职期间自然资源价值、

资产数量及质量变化情况、变化原因等，开展全面审查。

（四）构建绿色经济体系，实现经济转型和环境改善双赢

深圳为了推动低碳绿色发展，出台实施新一代信息技术、新材料、新能源、互联网、文化创意、生物、节能环保等七大战略性新兴产业规划政策，大力培育智能装备、生命健康及机器人、航空航天、海洋科技、可穿戴设备等未来产业，加快建设节能环保产业基地和集聚区，形成配套齐全、特色鲜明的绿色产业链和产业集群。2019 年深圳市在全国率先对所有新建建筑执行绿色建筑标准，规模居全国城市前列。新兴产业对全市生产总值增长贡献率超过 50%，低碳交通成为深圳人的出行共识，深圳成为全球首个实现公交车 100% 纯电动化的特大城市。

五、大力发展民生事业，广大市民充分享受发展成果

40 年来，深圳发展日新月异，人民群众生活水平有了极大提高。深圳按照党的十九大精神和部署，努力使改革发展成果更多、更公平地惠及全体市民，群众的幸福感、获得感、安全感不断提升。

（一）从街道到社区，医保业务越办越方便

医疗保障业务正式进驻社区工作站，医保服务窗口进一步下沉基

层。现在可以在距离家门更近的地方办理医保业务了，政府部门的公共服务越来越到位，老百姓幸福感也越来越强了。

（二）让更多发展成果更好惠及广大市民

深圳强化民生保障、拓展社会服务、创新社会治理，2019年，深圳市集中力量抓重点、补短板、强弱项，大力发展民生事业，全年九大类民生支出超过3000亿元，让更多发展成果更好惠及广大市民。

（1）新增就业16万人，城镇登记失业率为2.2%，低保标准提高至每人每月1160元，居全国首位。

（2）1/6的财政支出用于教育事业，年度投入增长约23%。全年新建和改扩建中小学校40所，新增学位6万多个。

（3）加快提升医疗卫生水平，新建和改扩建医疗卫生项目83个，新增病床约3800张，省高水平医院增加到5家，新增三级医院4家，新引进高层次医学团队20个。

（4）抗肿瘤等6种高价药物进入重疾险保障范围，高血压、糖尿病等门诊用药纳入医保报销，报销比例最高达80%。

（5）新增一批养老床位，进一步提高高龄津贴标准，建成长者饭堂和助餐点近150家。推出敬老优待系列措施，60岁以上老人免费乘坐公交地铁。

（6）率先建立供深食品标准体系，共完成300项供深食品标准，推出80个"圳品"，升级改造85家农贸市场，全市2600多家学校食堂、1.2万个200平方米以上餐饮单位全部实现"互联网+明厨亮灶"

智慧监管。

（7）全年供应公共住房 3.5 万套，在全国率先单独面向先进制造业职工、公交司机、环卫工人、残疾人等群体供应公共租赁住房 5620 套。

…………

（三）聚焦"七个有"目标，切实把短板变为发展潜力板

围绕幼有善育、学有优教、劳有厚得、病有良医、老有颐养、住有宜居、弱有众扶，加强普惠性、基础性、兜底性民生建设，把一件件民生实事办好，让市民更有获得感、幸福感、安全感。

深圳聚焦"七个有"目标，把更多的可支配财政收入用于发展民生事业，像抓治水一样抓医疗、教育等事业发展，切实把医疗、教育等短板变为发展的潜力板。

2020 年，深圳市加快构建国际一流的整合型医疗卫生服务体系，继续实施高水平医院建设计划和"三名工程"，新增病床 8000 张，新增三甲医院 2 家以上；计划新增幼儿园学位 2 万个以上，努力实现公办幼儿园在园儿童占比达到 50%；完善低保、临时救助等政策措施，加快推进"9+3"民政设施建设，创建无障碍城市；加大住宅用地供应，增加住房供给，确保房地产市场平稳健康发展；完善最低工资调整机制，努力打造世界一流职业教育高地；突出适度超前、科技引领，完善机构为支撑、社区为依托、居家为基础、医养康养相结合的多层次养老服务体系。

六、创新发展新动能不断壮大

在过去的 2019 年，深圳面对国内外复杂严峻的风险挑战，坚决落实中央和省的决策部署，以坚如磐石的战略定力持续推进创新发展，积极构建综合创新生态体系。通过培育壮大新兴产业，催生更多新产业、新业态、新模式，实现了经济的高质量发展。

2019 年 11 月 18 日至 19 日，在深圳举办的全球数据基础设施论坛上，华为现场展示了最新研发的新一代全闪存储系统，其最大的优点就是相比传统存储系统，它的读写性能达到十倍甚至百倍的上升，是未来各行各业的关键系统，它的应用场景会越来越广泛。

2019 年华为迎难而上，推出了全球最快昇腾 910AI 处理器，运营商业务引领全球 5G 商用进程，企业业务遍及全球 700 多个城市，智能手机发货量超过 2.4 亿台。2019 年全年华为实现销售收入超过 8588 亿元人民币，同比增长 19.1% 左右。华为在 PC（个人电脑）领域的增长接近 300%，智能穿戴领域也有接近 300% 的增长，在其他多个领域也有超过 200% 的增长。

在深圳，以华为、中兴、迈瑞、汇顶科技等为代表的一批创新型企业，2019 年都纷纷交出亮眼财报，反映出深圳 5G 人工智能超高清视频、集成电路等战略性新兴产业的良好发展态势。2019 年深圳紧紧围绕"双区"（大湾区、先行示范区）建设，加快实施高新技术企业增量提质行动，全年预计新增国家级高新技术企业 2700 家，总数有望突破 17000 家。

作为科技创新的高地，深圳市有基础、有积淀、有巨大的潜力，下一步深圳要真正建设大湾区、先行示范区，这个战略要落地靠的是什么呢？靠的是深圳不断地改革，不断地开发，不断地创新，提高自主创新的能力，以主阵地的担当，加快建设综合性国家科学中心，提升城市发展能级。

在 2019 年，深圳加大基础研究投入力度，确保基础研究投入比例不低于财政科技专项资金的 30%。加快布局重大创新平台，高标准规划建设深港科技创新合作区、光明科学城、西丽湖国际科教城，高水平建设鹏程实验室、深圳湾实验室等重大科研机构，设立全国首支 50 亿元的天使投资引导母基金，撬动社会资本近 70 亿元，推出深圳科改 22 条，以改革激发创新动力。政府在坚持创新驱动方面做得很好，在体制上和机制上还要不断地完善，发动企业、科研机构来参与和突破重点项目、核心技术。

数据显示，2019 年 1 到 10 月，深圳市高新技术产业实现产值 20825.01 亿元，同比增长 10.14%，全年新兴产业增加值增速超过 8.5%，先进制造业增加值占规模以上工业增加值比重超过 70%。

深圳一直保持着创新的活力、创新的生命力和创新的原动力。深圳的创新发展已经开始形成了比较成熟、具有一定规模的创新市场，它越来越显示出从个体创新到区域联动创新的新趋势。

第二节
打造"质量深圳"——先行示范区建设的必然选择

一、片面追求速度和规模的发展模式已经成为过去式

深圳从一个边陲小镇发展成为欣欣向荣、生机勃勃的现代化城市，综合经济实力跃居全国大中城市前列，基本建立起社会主义市场经济体制，创造了罕见的城市化、工业化和现代化发展速度，昭示了社会主义制度的优越性，昭示了中国共产党执政能力的卓越性。

在中国经济发展的过程中，历史给了深圳一次机会，深圳还给了世界一个奇迹。它用实践成功证明了中国改革开放的道路不仅能走得通，而且能走得好。

但城市的发展速度和规模终有上限，随着国内国际形势的不断发展变化，深圳原有的优势正在逐渐地削弱，以前片面追求速度和规模的发展模式面临着不少挑战，发展方式亟待转变。

（一）要素资源难以为继

"三天一层楼"曾是"深圳速度"的写照。然而，持续40年的高速发展，不仅社会利益多元化造成的社会矛盾在加剧，生产资料的匮乏也成为经济发展的瓶颈，深圳土地资源、能源、人口、水等"四个难以为继"的问题越发尖锐，深圳开始对自身的发展模式进行反思。

"深圳速度"是一种外延式的经济发展模式，需要各种生产要素资源的不断投入，也不可避免地带来资源的高消耗和对环境的影响，最终会遇到增长的瓶颈。2005年1月，深圳召开市委三届十一次全体（扩大）会议，会上提出深圳发展遇到"四个难以为继"：一是土地、空间有限，剩余可开发用地仅200多平方千米，按照传统的速度模式难以为继；二是能源、水资源难以为继，无法满足深圳速度模式下的增长需要；三是按照速度模式，实现1万亿元生产总值需要更多的劳动力投入，而城市已经不堪人口重负，难以为继；四是环境容量已经严重透支，环境承载力难以为继。深圳提出将发展重心转移到提高单位产值和发展效益上来，土地和城市发展空间难以为继。"深圳速度"发展方式已遭遇增长瓶颈，亟待进行根本转变。

（二）经济特区政策红利释放基本到位

先行先试的特殊政策、灵活措施，赋予了深圳强大的竞争优势，使深圳有效吸聚国内外人才、技术、资金、产业等资源，顺利推进市场经济体制改革，实现了经济的高速增长。随着改革开放在全国各地的深入开展，深圳经济特区特有的优惠政策已逐渐成为普惠政策，经济特区的政策优势事实上已逐渐淡化，政策红利释放基本到位。深圳在区域影响、产业结构、利用外资、大型基建、人才和技术资源等方面，面临北京、上海、广州、苏州等城市的激烈竞争。

（三）速度型发展模式存在缺陷

深圳过去的速度型发展模式必须依靠外部的高投入不断扩大经济的规模，从而获得经济的高速增长。这种模式自身固有的缺陷，必然导致重复建设，引发产能过剩和资产泡沫，导致经济衰退。同时，资本存量增加会导致企业产出的增加，企业产出的增加意味着商品供给量的增加，将会导致商品价格的下降，实体经济资本的边际收益越来越低，实体经济的投资机会越来越少，追求利润的投资者就会考虑投资其他资产，从实体经济流向其他资产市场，导致其他资产价格上升。其他资产价格上升，投资其他资产的收入也随之上升，其他资产市场的资金供给也上升，进一步加大对其他资产的需求。如此循环往复，最终会导致企业销售环境恶化，引发实体经济危机。

随着"短缺经济"的结束，速度型发展模式的固有缺陷将进一步被放大。一方面，经济高速发展带来的产能迅速上升，供求缺口迅速消除；另一方面，经济高速发展带来的人民生活水平提高，消费需求发生根本性转变。两者结合导致中低端生产领域出现大量的产能过剩，企业亏损严重。并且国内对进口商品的需求越来越大，又反过来打击了国内生产。深圳较早地出现了速度型发展模式固有的短板和缺陷。

掌握深圳发展全局的决策层正视问题而不绕道走，他们已经认识到，"四个难以为继"已成为深圳发展的"拦路虎"，"速度型"和"规模型"的发展路子走到了山穷水尽的地步。

省自身而察全局，只有转变战略才能突破发展瓶颈。深圳的决策者明确提出，不再以生产总值论英雄，不能再靠拼速度、拼规模、拼生产总值增长，而应更多重视经济发展中资源消耗、社会公平及人的发展等问题，以实现经济社会的全面、协调、可持续发展。

深圳的发展已经处于新的"拐点"——过去那种片面追求速度和规模的发展模式本身已经难以为继，深圳需要一种更高质量、更有效益的发展。2010年深圳市委、市政府提出要实现从"深圳速度"向"深圳质量"跨越，在速度与质量之间，质量是经济发展的"第一性"追求。

二、实现从"深圳速度"向"深圳质量"转变，更好地发挥经济特区新时期的引领示范作用

2010年9月6日，深圳经济特区建立30周年的庆祝活动召开，也成为深圳人思考、热议深圳未来发展战略的活动。在深圳市委五届四次全会上，深圳市市长许勤指出，"要继续坚持以发展为第一要务，追求更高水平、更高质量的发展——科学发展。我们要在过去创造'深圳速度'的基础上，创造'深圳质量'，再创科学发展的新辉煌。'深圳质量'，既涵盖经济发展，也要包括社会建设等各领域。这种'质量'，既体现在经济的竞争力上，也要体现在可持续发展、低碳发展上，同时还要体现在社会民生方面。"自此，"深圳质量"作为深圳未来发展的战略指引被鲜明地提出来。

2011年1月14日，深圳市委书记王荣在市委五届六次全会上指

出，"聚焦于'提质量'。树立以质取胜、内涵发展理念，打造符合科学发展观要求的'深圳质量'"。并要求着力抓好转变经济发展方式、自主创新、改革开放、社会建设、城市建设、城市文化、民主法治建设、党的建设八方面重点工作。

2011年1月16日，深圳市市长许勤在市五届人大二次会议上所作的政府工作报告指出，过去30年，深圳迅速崛起，创造了举世闻名的"深圳速度"，打造了全国领先的"效益深圳"，为迈向更高层次的发展奠定了坚实基础。现在，深圳已站在一个全新的历史起点上，要在新一轮发展中应对挑战、再创辉煌，就必须以新理念引领发展，以新标杆指引方向。这个新标杆就是"深圳质量"。报告还对创造"深圳质量"做了全面部署。"深圳质量"要求以崇尚质量、追求卓越作为新理念，把速度、效益优势转化为质量优势，实现从速度优先向质量优先转变，从注重经济增长向更加注重经济社会全面发展转变，使市民更为幸福、城市更富魅力、生态更加美好。

创造"深圳质量"，就是坚持低碳理念，追求更高的生态文明；就是坚持内涵发展，追求更高的城市文明；就是坚持以人为本，追求更高的社会文明；就是坚持以质取胜，追求更高的物质文明；就是坚持文化强市，追求更高的精神文明。深圳质量不仅仅包含通常所理解的工程、产品、服务的质量，还包括生态建设、文化建设、社会建设、经济建设、城市建设和政府服务在内的全面发展问题。不能将深圳质量简单理解为某个优质品牌或产品，而应有全方位、全球化视野。一言以蔽之，深圳质量就是用世界一流的、最新的标准打造民生社会、推动政府改革，推动深圳成为世界一流城市。关于深圳质量、深圳标准的要求，被贯彻落实到深圳经济社会发展的各领域和全过程；深圳质量的理念，一直不断增加新鲜血液；深圳质量的实践，充分证明中央决策部署的正确性。就像"深圳速度"一样，"质量第一"已经成为深圳经济特区的城市基因。

为推进"深圳质量"建设，2014 年深圳市委、市政府提出要"打造深圳标准，铸就深圳品牌，树立深圳信誉，提升深圳质量"的努力方向，初步形成了标准、质量、品牌、信誉"四位一体"的推进路径，深圳以优异的表现展示出新常态下率先完成发展动力转换后的勃勃生机。

经过多年坚持不懈的努力，"深圳质量"建设取得了积极成效，深圳走上了内涵式发展、质量型增长之路，以质量支撑了稳定增长、拓展了发展空间、增创了发展新优势。"十二五"期间，深圳市生产总值保持了年均 9.6% 的中高速增长，2015 年经济总量达 1.75 万亿元，全口径财政收入为 7239 亿元，5 年翻了一番多，其中税收占财政收入的比重达到 90%；全社会研发投入达 709 亿元，5 年增长 113%，占深圳市生产总值比重提高到 4.05%；PCT 国际专利年申请量达到 1.33 万件，占全国 46.9%；国家级高新技术企业达 5524 家，5 年增加 4170 家，增长 3.1 倍；战略性新兴产业规模达到 2.3 万亿元，对深圳市生产总值增长贡献率超过 50%；万元生产总值能耗、水耗分别累计下降 19.85%、43%，约为全国平均水平的 60% 和 11.11%；PM2.5 年平均浓度从 39.6 微克 / 立方米降至 29.8 微克 / 立方米，空气质量处于

内地特大城市最优水平……①

如果说"时间就是金钱，效率就是生命"是深圳前 30 年的城市精神，那么"创新驱动发展，质量成就未来"则已经成为经济特区新时期的价值追求和根本取向。其具体做法就是打造标准、质量、品牌、信誉"四位一体"的城市建设格局。从"深圳质量"，到"有质量的稳定增长、可持续的全面发展"，从"深圳标准"到标准、质量、品牌、信誉"四位一体"建设，可以说深圳质量的内涵日益丰富，体系逐步完善，外延不断拓展。怎样打造深圳质量，深圳从全面提升质量、弘扬质量文化、实施规划计划、构建法规体系、强化基础设施、以标准提质量、着力于质量共建以及建立考核机制等方面都有具体的实践做法。

标准、质量、品牌、信誉"四位一体"建设，这是深圳质量建设的一大创新。标准是质量的量化和规范，是提升质量的前提；品牌是质量的象征和信誉的凝结，体现其价值；信誉意味着更广阔的市场和消费者的一致认同。深圳正瞄准国内领先、国际先进水平，着力打造"深圳标准"，把标准作为提升质量的基础支撑，把品牌信誉作为质量发展的价值体现，着力于以标准提升质量，以质量铸就品牌，以品牌树立信誉，以信誉拓展市场，推动"四位一体"融合发展。

深圳以更低的环境成本、更少的资源能源消耗实现了经济的更高

---

① 王华兵，王婷婷. 从深圳速度走向深圳质量 [N]. 国际商报，2016-08-17.

质量、更可持续的发展。质量推动了经济结构全面优化,支撑了经济中高速增长,带来了发展效益的跃升,显著增强了发展动力,提升了城市生态环境质量和社会民生水平。

三、率先建设体现高质量发展要求的现代化经济体系是建设社会主义先行示范区的核心内容之一

"我国经济已由高速增长阶段转向高质量发展阶段",是党的十九大提出的一个鲜明论断。推动高质量发展,深圳要更好地发挥经济特区新时期的引领示范作用,作为改革开放实验区、排头兵、先行地,深圳发展先行一步。

(一)示范引领,要持续增进民生福祉

质量建设不仅关系到经济社会发展,而且直接影响民生。推动高质量发展的根本目的是更好满足人民日益增长的美好生活需要。作为迅速建成的移民型超大城市,深圳从让人民群众满意的事情做起,在医疗、交通、教育、住房等诸多领域坚持以人民为中心,大力优化城市公共服务、基础设施和功能布局,深入推进经济特区一体化,让全体市民共享高质量发展成果。如此,深圳的高质量发展才能更有说服力,辐射带动作用才会更强。

（二）示范引领，要大力提高发展"绿色含量"

从深圳的长远谋划和发展现状出发，推动生态文明建设，这是深圳高质量发展的必然要求。探新路，深化与港澳及周边城市的生态环保合作，在粤港澳大湾区建设过程中要把生态保护放在优先位置，联防联治打造天蓝地绿水清的美丽湾区；补短板，坚决打好打赢污染防治攻坚战，应该拿出壮士断腕的勇气、背水一战的决心、攻城拔寨的拼劲，集中力量解决好突出的环境问题；强制度，完善生态文明建设目标评价考核实施办法、绿色发展绩效评价体系，建立产业准入负面清单制度，从而引领绿色发展，倒逼产业转型。

（三）示范引领，要全面提升创新发展能级

创新是引领发展的第一动力，也是推动高质量发展的战略支撑。高质量发展能到怎样的高度，很大程度上取决于创新发展的程度。深圳创新发展势头好，但能级还要再跃升。基础研究要"强起来"，把创新发展主动权牢牢掌握在自己手中；创新生态要"优起来"，加强完善全过程创新生态链，加快形成"排浪式创新"，实现在体制机制上有利于创新发展，以创建国家可持续发展议程创新示范区为契机，为深圳高质量发展注入强劲动能。

（四）示范引领，要做实做强做优实体经济

只有实体经济做强了，高质量发展才稳，实体经济是现代化经济体系的"底座"和"根基"。做活"加法"，推动政策措施向实体经

济倾斜、资源要素向实体经济集聚、工作力量向实体经济加强，增强企业获得感与竞争力；深圳要做好"减法"，落实降成本"28 条"，继续推进简政放权，全方位为企业减负。要抓准重点，推动实体经济和大数据、互联网、人工智能深度融合，主攻先进制造业，保障产业发展空间，要做强做大更具比较优势的深圳制造，强化政策引导和技术驱动，挺起实体经济的"脊梁"。

2019 年 9 月 17 日，中共深圳市委六届十二次全会召开。深圳市委副书记、市长陈如桂就《深圳市建设中国特色社会主义先行示范区的行动方案（2019 — 2025 年）》做说明。会议强调，要率先建设体现高质量发展要求的现代化经济体系。紧紧扭住供给侧结构性改革这条主线，以主阵地的作为加快建设综合性国家科学中心，打好产业基础高级化、产业链现代化的攻坚战，以要素配置为重点深化社会主义市场经济体制改革，增强区域经济布局中的核心引擎功能，加快构建与国际接轨的开放型经济新体制。要用足用好深圳经济特区立法权，营造稳定、公平、透明、可预期的国际一流法治化营商环境。

"志不求易者成，事不避难者进。"深圳在实际工作中，要把高质量发展贯彻全过程的始终，坚定不移地践行新发展理念，以环境质量论英雄、以发展效益论英雄、以经济密度论英雄，发挥新时期的示范引领作用，打造高质量发展的经济特区，在推动高质量发展上真正发挥示范引领作用！

第三节
从理念到现实——"深圳质量"实现的路径

一、以加快转变经济发展方式为主线，着力提升经济发展质量

转变经济发展方式、提升经济质量是我国经济工作的重要内容。习近平总书记在十九大报告中指出，我国经济已由高速增长阶段转向高质量发展阶段，正处在转变发展方式、优化经济结构、转换增长动力的攻关期。继续加快和深化发展方式的转变，推进我国经济持续快速健康发展，是对我国经济现实的科学把握与判断。

（一）转变发展方式的现实要求

1949 年后特别是改革开放以来，在马克思主义中国化的进程中，我国经济发展理念不断进步和更新。改革开放初期，邓小平就鲜明提出"科学技术是第一生产力"的著名论断，经济发展不只要讲速度，更要讲求效益，稳步协调地发展。党的十四大提出，努力提高科技进步在经济增长中的含量，促进整个经济由粗放经营向集约经营转变。十四届五中全会明确了实行经济增长方式从粗放型向集约型的根本性转变。党的十六大以后科学发展观的提出，强调树立和落实科学发展观，十分重要的一环就是要正确处理增长的数量和质量、速度和效益的关系。党的十八大以来，我们党提出了创新、协调、绿色、开放、

共享的新发展理念，以带动经济和社会的全面发展。

在不断进步的发展理念的推动下，深圳经济取得了巨大成就，经济实现了长期持续的高速增长。1980 年 8 月，深圳经济特区正式建立。作为改革开放的先行者，现在深圳已形成了现代物流业、高新技术产业、金融服务业及文化产业四大支柱产业，七大战略性新兴产业，五大未来产业等全新的产业结构，其创下的"三天一层楼"的"深圳速度"至今未被超越。据不完全统计，40 年的时间，深圳从当初的只有 3 万人的边陲小镇发展到现在管理人口已达 2000 万的现代化移民大都市。近年告别了"深圳速度"的深圳，正式转向追求"深圳质量"。一方面是重点抓创新；另一方面则是淘汰落后产能，提振实体经济中的先进制造业产业。公开资料显示，从 2009 年起，深圳开始布局未来产业和战略新兴产业，建立以企业技术中心、工程研究中心等主体的创新载体。与此同时，深圳成为国家小微企业创业创新基地示范城市，政府在创新方面的投入也是全国最高的。深圳的创新主体以企业为主，至少 90% 的主体是企业。

为了推动深圳经济社会持续健康发展，深圳需要继续加快转变发展方式，塑造发展的新格局。正如党的十九大报告强调指出，必须坚持质量第一、效益优先，以供给侧结构性改革为主线，推动经济发展效率变革、质量变革、动力变革，提高全要素生产率。

（二）创造深圳质量，建立发展的新模式

现在深圳已站在一个全新的历史起点上，想要在新一轮的发展

中应对挑战、再创辉煌，就必须以新标杆指引方向、以新理念引领发展。这个新标杆就是"深圳质量"，这个新理念就是以质取胜。"深圳质量"是"效益深圳"内涵和外延的扩展，是深圳速度量变基础上的跃升，创造"深圳质量"，就是坚持把创新资源集聚和核心技术自主创新作为加强转变经济发展方式的重点，加快形成投资消费出口协调拉动新格局，以和谐发展建设民生幸福城市，以创新发展加快国家创新型城市建设，以转型发展推动经济结构战略性调整，以低碳发展构建资源节约和环境友好型社会，以协调发展加快经济特区一体化进程。坚持把经济结构战略性调整作为加快转变经济发展方式的主攻方向。调整供给结构，优先发展现代服务业，提升制造业核心竞争力，逐步构建以服务业为支撑的现代产业体系。优化需求结构，构建扩大内需的长效机制。

（三）转变经济发展方式的着力点

一是转变经济发展方式，创造"深圳质量"，需要推行高度集约化、精细化的土地管理模式，对发展空间狭小的深圳来说至关重要。为了最大发挥空间效益，深圳采取得力措施，对每一寸土地都要充分利用，盘活城中村土地和低端加工业用地这两块利用率低且数量大的存量土地资源。

二是需要发挥对外开放城市和经济中心城市功能，实现"两个承接、两个发展"：深圳中心区域承接香港和海外高端产业，发展总部经济和现代服务业。光明、宝安、坪山、龙岗等深圳发展区域成为深圳中心区域产业承接和延伸区，发展战略性新兴产业、高技术产业园。

三是需要合理解决住房问题，实现建设用地、房屋规模与人口相互协调，这是实现深圳经济与社会协调发展的重要保障；需要大幅度降低人口密度，把人口控制在一定的结构状态和一定的数量，这是解决深圳内涵式发展的长远之策；需要切实提高劳动者的收入水平，加大人才吸引力度，这是增强城市竞争力的重要手段。

四是需要配合产业结构调整，调整产业空间布局，实现产业组织形态集聚化发展。现代服务业、金融业、总部经济主要集中在罗湖、福田、南山。加快福田中央商务区和前海现代服务业示范区建设，推进光明、龙岗、宝安、坪山工业园区整合。推进高桥工业园、龙岗宝龙工业区、坪新清区域合作示范区建设。推进宝安 619 个工业园区整合改造，推进光明新区国际平板显示、新材料、新能源、IT、生物医药五大特色园区建设。推进坪山区新能源产业合作示范区建设。

五是需要集约化利用城市资源，调整产业结构。产业结构是深圳吸引外来人口和提高土地利用效率最关键的因素。低端加工业长期以来是深圳工业产业的主体，需要加快转型。

二、以改善公共服务为重点，着力提升社会发展质量

（一）提高全社会法治水平

大力弘扬法治精神，利用公益广告等媒介，在全社会倡导尊重

法律、尊重规则的良好风尚。坚持依法治市，充分用好经济特区立法的优势，加强制度建设，完善符合国际惯例和国际规则、有利于提升行政效率的法治环境，使法治成为深圳经济特区的新优势。健全社会诚信体系，完善信用信息共享机制，建立失信惩戒制度和守信激励制度。强化规则意识，依法规范社会群体之间的关系，建立良好的社会秩序。

（二）提高城市文化内涵

重点发展创意文化，建成具有国际影响力的创意之城和时尚之都。构建普惠型公共文化服务体系，基层文化设施覆盖率达到全国领先水平。充分挖掘深圳作为移民城市的文化潜力，建设独具特色和魅力的城市文化，提升城市软实力。推进社会主义核心价值体系建设，提升市民文明素质，以人的全面发展促进社会的全面进步。举办高水平文化活动，创作高品质文化产品，发展群众体育、竞技体育和职业体育，以文化体育事业大发展大繁荣增强城市的凝聚力和影响力。

（三）提高市民群众安全感

实施"织网工程"，形成覆盖全社会的服务网、工作网、民心网。构建和谐劳动关系，维护劳动者合法权益。加强对出租屋、流动人口的管理，强化社会治安基础环境治理，建成社会治安立体防控体系，着力破解制约社会治安工作的源头性问题，实现治安形势明显好转。全面推进社会管理创新，率先形成科学有效的诉求表达、利益协调、矛盾调处和权益保障机制。加强交通安全、生产安全、食品药品安全等工作，健全城市灾害预警预防体系，提高防灾减灾能力。

（四）提高民生福利

基本完成公立医院改革，实施公共卫生机构分类管理，引导社会资源发展个性化高端医疗服务。推进基本医疗服务标准化和重大卫生项目建设。大力发展教育事业，力争率先成为全国教育现代化先进城市。加快发展高等教育，办好大学教育，丰富大学城办学层次，引进香港知名高校来深合作办学，高校在校生规模达到15万人。加大对学前教育的投入，实现合理布局和规范管理。发展职业教育，培养高层次技能型人才。推进义务教育优质均衡发展，新建一批义务教育阶段学校。

（五）提高居民收入和社会保障水平

推进收入分配制度改革，实现居民劳动报酬与劳动生产率提高基本同步、收入增长与经济发展基本同步。新建保障性住房，形成覆盖中低收入人群和各类人才的住房保障体系。建立健全工资正常增长机制，稳步提高最低工资标准、最低生活保障。稳步扩大社会保险覆盖面，健全社会福利体系，完善综合性社会救助体系。推动以创业带动就业，创建充分就业城市和国家级创业型城市。

三、以绿色低碳为导向，着力提升生态发展质量

中国城市化进程的飞速发展所带来的环境问题日益凸显，如何降低生态风险、保障生态安全、减少生态透支，成为新时期生态文明建设的重中之重。

习近平总书记在十九大报告中提到，加快生态文明体制改革，建设美丽中国。并强调，人与自然是生命共同体，人类必须尊重自然、顺应自然、保护自然。我们要建设的现代化是人与自然和谐共生的现代化，既要创造更多物质财富和精神财富以满足人民日益增长的美好生活需要，也要提供更多优质生态产品以满足人民日益增长的优美生态环境需要。必须坚持节约优先、保护优先、自然恢复为主的方针，形成节约资源和保护环境的空间格局、产业结构、生产方式、生活方式，还自然以宁静、和谐、美丽。一是要推进绿色发展；二是要着力解决突出环境问题；三是要加大生态系统保护力度；四是要改革生态环境监管体制。习近平总书记强调指出，生态文明建设功在当代，利在千秋。我们要牢固树立社会主义生态文明观，推动形成人与自然和谐发展现代化建设新格局，为保护生态环境做出我们这代人的努力。

40年的发展过程中，深圳作为中国改革开放的前沿阵地，取得了一系列令人瞩目的成就，但也存在着一定的问题和挑战，在发展过程中意识到需要转变经济发展方式，单独以传统的依赖物质投入、拼资源环境、靠外延扩张的发展方式已经难以为继，要以质量和效益为中心来促进经济可持续发展。生态文明建设的本质就是要以能源资源、

生态环境承载为基础，以自然规律为准则，以永续发展为目标，建设生态良好、生产发展、生活富裕的文明社会，并要求将生态文明建设融入文化建设、社会建设、经济建设、政治建设的各方面和全过程。而生态质量则主要是以生态文明建设的本质为内核，坚持绿色低碳理念，追求更高的生态文明，使环境代价更低、资源消耗更小、人与自然更加和谐。深圳城市生态质量的内涵是"促进生态质量包括污染治理、环境保护、节能减排，提升生态质量应当加强环境治理和环境保护，坚持绿色低碳理念，追求更高的生态文明，使资源消耗更小、环境代价更低、人与自然更加和谐"。

2014年8月18日，《学习时报》刊发对深圳市市长许勤的专访文章，文章指出，围绕打造科学发展的"深圳质量"，深圳的主要做法是以绿色低碳为导向，着力提升生态发展质量。全面推进生态文明建设，大力实施低碳发展中长期规划，着力提升大气、水环境质量和绿化水平，建设宜居宜业的绿色家园。率先启动碳排放权交易，占全市碳排放总量40%的机构上线交易。全面实施绿色建筑标准，绿色建筑超过1500万平方米。积极开展绿色低碳国际合作，发起设立世界低碳城市联盟，与欧盟等合作建设深圳国际低碳城，成为中欧可持续城镇化合作旗舰项目。

2019年10月31日，在第一届中国自然保护国际论坛"城市发展与自然保护"分论坛上，据深圳市规划国土发展研究中心副总规划师陈柳新介绍，深圳作为世界重要滨海经济形态的湾区，其绿色发展的态度是"自然保护先行"。据其介绍，深圳的国土空间规划和自然保护地保护发展的思路是：突出绿色发展、生态优先的原则，力争构建符合深圳实际，适合高度城市化地区，与城市共生、与人民共享的自然保护地保护发展新模式。

《粤港澳大湾区发展规划纲要》提出，以建设美丽湾区为引领，着力提升生态环境质量，形成节约资源和保护环境的生产方式、生活方式、空间格局、产业结构，实现绿色低碳循环发展，使大湾区水更清、山更绿、天更蓝、环境更优美。

深圳市规划和自然资源局表示，坚持生态优先，加强陆海统筹，严守生态红线，保护自然岸线，构建城市绿色发展新格局，打造人与自然和谐共生的美丽中国典范；深圳将继续实行最严格的生态环境保护制度，构建以绿色发展为导向的生态文明评价考核体系。

截至 2019 年年底，深圳森林覆盖率达到了 40.21%，全市森林面积为 797 平方千米。同时，深圳拥有各类自然保护地 24 个，其中国家级风景名胜区和国家级地质公园各 1 个、自然保护区 4 个、森林公园 9 个、湿地公园 9 个。2018 年，深圳正式被国家林业和草原局授予"国家森林城市"称号。

建立自然保护区是保护生物多样性以及濒危野生动物的最有效途径。深圳自然保护区建设工作起步于 1984 年，至今已建立了三个市级自然保护区（大鹏半岛自然保护区、铁岗—石岩湿地自然保护区、田头山自然保护区）和一个国家级自然保护区（广东内伶仃福田自然保护区）。

此外，深圳还规划建设了梧桐山桫椤谷自然保护小区、梅林水库仙湖苏铁自然保护小区、塘朗山野生桫椤和仙湖苏铁自然保护小区三个自然保护小区，保护珍稀濒危野生植物物种或珍贵植物群落类型。

未来，深圳将以不断满足人民日益增长的优美生态环境需求为目标，推动人与自然和谐发展，构建集产业、文化、生态、休闲为一体的城市格局，打造深圳生态新高地。

四、以推进经济特区一体化为突破口，着力提升城市发展质量

（一）优化布局

以中心城区为核心，全面优化城市布局，瞄准国际一流标准，形成"三轴两带多中心"的轴带组团结构。高起点、高标准规划开发坪山、前海、光明、大鹏半岛、龙华等重点区域，形成配套完备、布局合理、特色鲜明、生态和谐的功能区发展新格局，促进区域整体性开发、组团式发展。探索城市发展单元制度，完善城市规划实施手段。

（二）再造空间

加快城市更新，初步完成农村城市化历史遗留违法建筑和违法用地的处理，基本完成原经济特区外主要地区的城中村整治、原经济特区内的城中村转型改造，及加大重大项目用地和重点开发区域的土地整备力度。

（三）完善功能

建设一批重大交通基础设施，形成城市轨道网和"七横十三纵"干线路网，基本实现经济特区交通一体化目标。拓宽深圳对外联系的战略通道，加快深中通道、珠三角城际轨道、深港机场联络快线建设，形成深港半小时和珠三角一小时交通圈。完成广深港客运专线深圳段、厦深铁路建设，继续强化机场和港口的枢纽地位，将城市辐射范围拓展到泛珠三角乃至东南亚地区。继续推进油、电、水、气重大项目建设，加快构建多元化的资源能源保障体系。着力打造智慧深圳，以三网融合为重点，积极推进物联网、云计算的研发和示范应用，加强信息资源的开发利用和信息网络的互联互通，实现信息化向经济社会和城市发展的全方位渗透，率先建成无线城市，以高水平的信息化增强城市竞争力。

（四）提升品位

彰显现代城市品格，突出海滨城市特色。借鉴新加坡以及我国香港地区等世界先进城市经验，塑造生态化、人性化和特色化的公共空间环境。新建一批标志性文化设施与旅游景点，加强历史文化资源的保护性开发，提升城市文化品位。加强重点地段、重点区域和标志性建筑的规划设计，打造城市亮点和建筑精品。深入开展市容环境提升行动，加强车站、机场、口岸等重点地段的综合整治，提高城市管理的精细化水平，打造更美丽、更干净、更有序的城市。

五、着力深化改革创新，为创造"深圳质量"提供制度保障

党的十九届四中全会对社会主义基本经济制度做出新概括，标志着我国社会主义经济制度更加定型、更加成熟，表明我们党对社会主义经济建设规律的认识和把握达到了新高度。应深入贯彻落实新发展理念，从增强国家创新能力、解放和发展社会生产力、提高全要素生产率和劳动生产率、增强防范和应对重大经济风险能力、满足人民日益增长的美好生活需要等方面，坚持和完善基本经济制度，深入理解社会主义基本经济制度的内在要求，为加快推动高质量发展提供制度保障。

创新是引领发展的第一动力，深化改革创新是"深圳质量"发展的重要支撑。深圳市委、市政府认真贯彻落实党的十九届四中全会精神，建设更高水平开放型经济新体制，完善创新体制机制，为创造"深圳质量"提供制度保障。

（一）优化行政体制机制，激发政府活力

完善大部门体制改革，探索精简行政层级。以服务对象为中心，优化服务流程，提升政府服务质量。推进权力运行程序化和公开透明，建设廉洁政府。建立规章、规范性文件定期清理机制，动态规范行政审批和行政服务事项，提高行政效率和执行力。推进公务员分类管理和聘任制改革，创新事业单位内部运作机制，扩大法定机构试点范围。加强干部队伍建设，健全责任体系，建立激励机制，充分调动干部队伍的积极性。

（二）推动基本公共服务均等化，激发社会活力

深入推进户籍制度改革，创新流动人口管理机制。积极发展社会组织，规范社会组织行为，更好地发挥其在社会建设中的重要作用。推进政府购买公共服务，鼓励和引导社会主体兴办社会事业，增加公共服务有效供给。科学界定基本公共服务的范围及标准，率先建立起政府提供基本公共服务、市场提供个性化高端化服务的社会服务体系，不断提高公共服务质量。

（三）发挥市场作用，激发市场活力

改革商事登记制度，降低市场准入门槛。充分发挥市场配置资源的基础性作用，建立反映资源稀缺程度、市场供求关系和环境损害成本的生产要素和资源价格形成机制。逐步健全企业集体协商制度。推动集体股份合作公司建立现代企业制度。创新非营利性国有资产运营和监管体制，发挥好国有经济的基础性、先导性、公共性作用。加快投融资体制改革，逐步扩大社会投资的领域和范围，释放全社会的投资潜力。探索建立高度城市化地区土地管理新模式，促进存量土地资源有效流转和优化配置。

六、着力扩大区域合作，为创造"深圳质量"拓展空间

"一带一路"是以习近平同志为总书记的党中央根据变化了的国

内国际环境，着眼于实现中华民族伟大复兴中国梦而提出的联通世界、经略周边的战略构想，反映了我们党对国际经济发展形势的深刻洞察和我国未来发展格局的运筹帷幄，具有重大的政治、经济、外交意义。"一带一路"倡议构想为进一步提高深圳对外开放水平提供了宽广的战略平台，对内能够形成区域合作新格局，对外则能够构建区域合作新模式，从而为促进区域合作发展指明了方向。

从国内发展来看，"一带一路"建设为深圳全面深化改革和持续发展创造前提条件，在区域合作新格局中寻找未来发展的着力点和突破口，为创造"深圳质量"拓展空间，可谓是"一子落而满盘活"，其做法主要有以下几点。

（一）推动更大范围的区域合作，构建多层次区域合作体系

实施外溢型发展战略，从更大范围、更高层次调动资源。创新区域合作体制机制，推进深汕特别合作区建设。发挥深圳经济中心城市作用，加强与珠江口西岸地区的联系，密切深莞惠合作，促进珠三角一体化发展。做好对口援建工作，更好地服务全省、服务全国。

（二）推动对外交流与合作，建设国际化城市

深入实施"走出去"战略，鼓励本土企业在全球布局。加强对外友好交流，积极举办或承办大型展览、国际性会议、赛事和文化活动，提升深圳的国际知名度。营造与国际接轨的商务环境，打造集聚国际要素资源的战略高地。利用中国—东盟自由贸易区平台，把东

盟作为拓展新兴市场的重点区域，增强深圳经济国际影响力。

（三）推动深港融合发展，共同打造世界级都市圈

合作开发落马洲河套地区，促进要素更便利流动，推进跨界基础设施建设，全面加强深港创新圈建设和各领域合作交流，打造深港优质生活圈。不断拓宽领域，推进深澳、深台合作。从国家战略高度，探索深港合作新机制、新模式，把前海地区打造成体制机制创新区、深港合作先导区、现代服务业集聚区和结构调整引领区，为全国现代服务业创新发展提供示范。

第二章
CHAPTER 2

『深圳质量』与『质量法制』

第一节
"深圳质量" 之内涵与外延

质量建设，离不开法制的支撑。近年来，深圳市充分利用经济特区立法权、地方立法权，加强质量法制建设，相继出台了一系列法律法规，逐步将质量建设纳入法制化轨道。

一、"深圳质量" 之内涵分析

提到质量一词，人们首先想到的往往是产品质量。诚然，在以第一、第二产业为主的传统产业结构下，产品质量既是制造业赖以生存和发展的基石，也是以制造业作为主打产业和经济支柱的那些城市的竞争力的首要体现。然而，深圳质量中的"质量"远远不局限于产品质量。

深圳市的产业结构目前已形成了先进制造业、现代服务业和优势传统产业协调发展的良好格局，其中第二、第三产业比例为 41.3∶58.6[①]，即服务业比重接近 60%。因此，"深圳质量"除了包含衡量第二产业发展重要指标的产品质量内容外，更不能忽略对第三产业发展起到引

———————

① 数据来源：2018 年深圳市政府工作报告。

领作用的服务质量。

城市建设和城市管理方面的突出成就一直是深圳市对外的一张名片。在资源短缺、土地匮乏的背景下，深圳市政府将更加重视城市建设质量，注重城市的精细化管理，提升城市治理的现代化水平。所以，城市建设质量、政府服务质量等内容也应归入"深圳质量"的范畴。

作为全国文化创意产业的领跑者，深圳市确立了"文化强市"战略。2018 年，深圳文化创意产业实现增加值 2621.77 亿元，占全市生产总值比重超过 10%。为了进一步提升城市文化综合实力，深圳市委、市政府在多个文件中提到要"构建以质量型内涵式发展为特征的现代文化产业体系"、确保"文化创意产业质量和国际竞争力持续提高"及"促进文博会向质量型、内涵式提升"[①]。因此，文化质量必将成为深圳质量不可或缺的内容。

生态建设和环境保护是城市可持续发展的重要保障。深圳市历来重视生态文明建设，2015 年启动了国家森林城市创建工作，力争打造更加和美宜居的城市环境。早在 20 世纪 90 年代初，深圳市就出台《深圳经济特区环境保护条例》，以法律的形式将环境治理的质量作为市政府责任之一。所以，"深圳质量"也包含"生态质量""环境质量"的内容。

---

① 详见：《深圳文化创新发展 2020（实施方案）》，深圳市《关于加快文化创意产业创新发展的意见》及《深圳文化创意产业创新发展政策》。

基于上述分析,应该对"深圳质量"的内涵做全面而科学的界定。"深圳质量"中的"质量"应当突破传统意义上的"产品质量",要涵盖深圳经济社会发展各领域和全过程。深圳质量建设,当然首先要继续抓好制造业的产品质量把控,这是《中国制造2025》制造强国战略的要求,也是深圳市打造"质量强市"的基础。同时,要把制造业产品质量建设经验推广到更加广泛的领域,包括经济的、文化的、生态环境的以及城市建设管理和政府服务等领域。具体来说,"深圳质量"的内涵应该包括产品质量、工程质量、文化质量、社会质量、生态质量、城市建设管理质量和政府服务质量等。

二、"深圳质量"之外延界定

这里所说的外延是指涉及(适用)的范围。狭义的"质量"外延只限于产品质量和服务质量。要搞好产品质量和服务质量,必须坚持全面质量管理原则,相关法律法规不仅着眼于产品质量和服务质量本身,还要对企业管理质量、部门质量、员工素质、质量体系进行规定,做出要求。

然而,作为衡量一个城市综合发展状况的重要指标,"城市质量"的内涵是非常丰富的,包括城市建设的方方面面;同时,每一项内容的外延也是立体式的,包含多个层面。只有在这个基础上建立和完善质量建设的法制体系,才能真正为"质量强市"建设保驾护航。

具体来说，城市质量建设的综合性法律法规除了对传统的产品质量和
服务质量做出原则性规定外[①]，还应该从社会质量、经济质量、文化质
量、生态质量、城市建设质量、城市管理质量和政府服务质量等方面
做出专门规定，明确各方面质量的具体要求。

（一）经济社会的发展和产业结构的转型，为社会质量增添了新的含义

社会质量在一些城市的质量建设过程中往往容易被忽视，或者
没有单独列出这方面内容，而是将社会质量分解到其他质量建设项目
中。其实，社会管理与服务的质量是一座城市综合质量水平的直接体
现，具有直观性、广泛性等特点。特别是随着经济的快速发展，许多
新兴产业应运而生，城市的产业结构不断转型升级，也催生了人们对
社会质量新的、更高的需求。对城市社会质量状况可以从社会治理、
社会保障以及住房、医疗、教育、就业、食品和药品安全等方面进行
评价。

社会治理质量是衡量城市社会建设质量的综合性指标之一。社会
治理是政府、社会组织、企事业单位、社区以及个人等多种主体通过
平等的合作、对话、协商、沟通等方式，依法对社会事务、社会组织
和社会生活进行引导和规范，最终实现公共利益最大化的过程[②]。对社

---

① 关于产品质量和服务质量立法，已有《产品质量法》《消费者权益保护法》等全国性的
法律和一系列地方性法规及部门规章。
② 周红云.社会治理[M].北京：中中央编译出版社，2015.

会治理的质量的评价主要从社会公平实现程度、政府提供公共服务的情况、社会保障实现情况、公共安全指数以及人们对社会公益事务的参与程度等方面着手。

城市的社会保障程度往往直接影响着市民"幸福指数"的高低，因此也是社会发展质量的重要体现。城市社会保障主要包括社会保险、社会救济、社会福利和优抚安置等内容。高质量的社会保障要求能及时、足额为劳动者购买社会保险的用人单位比例高，劳动者通过社会保险获得帮助的满意度高，以及生活在贫困线以下的低收入者或者遭受灾害的生活困难者能够及时获得无偿物质帮助，老人、儿童、残疾人等社会中需要给予特殊关心的人群拥有较好的生活保障，等等。评价城市的社会保障质量需要从以上几方面进行综合、全面评判。

在社会质量的众多指标中，居住、医疗服务和教育问题一直是深圳等新兴大型城市的短板，也是建设"质量强市"过程中需要重点解决的问题。随着收入的增长和供给的增加，人们对高质量的居住软硬环境、高质量的医疗服务和优质教育资源的诉求也日益迫切。居住质量首要指标是人均住房的建筑面积，其次是居民住宅本身的品质，包括住宅的建筑、结构、室内环境、小区环境、设施设备、节能、使用与维护、物业管理等，再就是大环境的宜居性，应当能为人们提供健康、实用、高效，且与自然和谐共生的宜居环境。医疗服务质量可以用每万人拥有医疗设施数、每万人拥有医护人员数、人口预期寿命等指标进行评价。教育发展质量一方面体现在整体教育资源的配置情况，另一方面体现在基础教育、高等教育、职业教育、继续教育等各种不同层次教育领域的发展状况。

（二）经济由高速增长转向高质量发展，全面提升经济发展质量方面有了新的要求

一个城市经济发展的质量与该城市经济规划、产业结构和布局等因素密切相关。因此，衡量城市经济质量的标准和指标，可从目的、主体和动力支撑三个方面去界定。其中，目的是经济质量的价值取向，主体是经济质量的本体，动力支撑是经济质量高低的原因。具体来说，包括技术和机制创新、经济协调发展、产业转型升级、品牌建设、营商环境等内容。

经济质量的价值取向，主要取决于社会的主要矛盾。党的十九大报告指出，中国特色社会主义进入了新时代，我国社会的主要矛盾已转化为人民日益增长的美好生活需要和不平衡不充分的发展之间的矛盾。因此，新时期的经济发展要满足人民对美好生活的需要，而不仅仅是满足实现温饱和小康的需要。而要满足人民日益增长的美好生活需要，必须全面提升经济发展质量。

经济发展质量还取决于经济关系主体的品质，科技含量高、创新能力强、综合竞争力强的主体所占比例越高，经济发展的质量也就越高；产业结构、区域类型和市场规模是地区经济最基本要素，中高端产业比重高、创新型区域比重高、市场规模大，则经济发展质量也较高。

提升经济发展质量当然还要靠内外动力的驱使。首先，提升经济发展质量最重要的动力便是制度和机制的创新，包括主体动力机制、资源配置机制、激励保护机制和管理服务机制等在内的各种机制不断创新，才能不断提高经济发展质量；其次，技术等高级要素也是提升经济质量的动力因素，高质量的经济发展要求突出源头技术创新，加强创新成果转化，提高科技成果转化效益。

（三）文化创意产业走上了质量型内涵式发展之路

作为全国较早发展文化产业的城市，深圳早在 2003 年就将文化产业列为与高新技术产业、现代金融业、现代物流业并立的四大支柱产业之一。依托市场、产业和科技优势，深圳率先探索出"文化＋"的发展模式，使文化产业在促进经济转型升级和结构调整中发挥出重要的示范作用。十多年来，深圳文化创意产业保持了平均 20% 的增长速度，已成为我国文化输出的重要基地和主要口岸。2018 年全市文化创意产业实现增加值 2621.77 亿元，占全市生产总值的比重超过 10%。文化产业已经在深圳的经济社会发展中占据了重要位置。

文化创意产业的创新、融合与协调发展，促使文化产业的增量由速度向质量跃升。"文化产业发展质量"要求打造文化产业的深圳质量与深圳标准，展示深圳这座中国文化产业发展先锋之城的新力量。《深圳文化创新发展 2020（实施方案）》提出，深圳必须着眼于构建现代文化产业体系，走质量型内涵式发展之路。一方面做强做大市场主体、优化产业空间布局、打造国际知名文化展会品牌、完善国家级产业服务平台等；另一方面坚持创新驱动战略，推动业态创新融合，培育"文化＋"新型业态，打造领军企业和知名品牌，提升文化创意产业的发展质量。深圳文创产业近年来不断优化、转型、升级，"文化＋科技""文化＋金融""文化＋贸易""文化＋旅游"等新业态迅猛发展，持续释放强大的文化创造力，逐步迈向了质量型内涵式发展新路。

深圳文化创意产业走质量型内涵式发展道路，具备很好的基础和优势：灵活的市场机制、扎实的产业基础、强大的制度支持，使人才和资本要素实现更高层次的融合，催生更多新业态。在经济新常态下，深圳文化企业要紧跟市场步伐，做好"文化＋"大文章，释放更多创新活力，特别要在提升市场化、国际化、专业化水平上下功夫，使文化创意产业在质量、规模、影响力、辐射带动力等方面实现新跨越。

第二节
质量法制的内涵与特征

一、质量法制的内涵

质量法制是适应城市质量建设的内在需要，反映城市质量建设的实际，并可为城市质量建设提供保障和促进作用的法律制度。

首先，从产生的背景看，质量法制是面对城市质量建设需要应运而生的一种法制，本质上是一个城市社会物质经济生活条件的反映。城市的建设和发展是一个渐进的过程。例如，深圳市在2010年以前一直是侧重于"量"的发展，地区生产总值由建市初期的不到3亿元发展到2010年的9500多亿元，"量"增长了数千倍。从2010年开始，深圳市开始转变发展模式，从"深圳速度"向"深圳质量"迈进。城市发展模式的改变，根本的保证是从制度的层面加以确认，使之成为社会全体成员的意志。而发展模式的制度化，需要法律来确认和完成。

其次，从质量法制所包含的内容看，它反映了城市质量建设的本质要求。"质量建设"中的"质量"内涵极其丰富，突破了传统意义上的"产品质量"，涵盖了经济社会发展各领域和全过程，包括产品质量、工程质量、文化质量、社会质量、生态质量、城市建设管理质量和政府服务质量等。因此，质量法制也应该包括这些方面的内容。

最后，从质量法制的功能看，它的作用是为城市质量建设起保障和促进。为此，它需要确立各项制度，从立法、执法、司法、守法以及法律监督等各方面来保障质量建设，对违反质量法制的行为予以制裁。

作为上层建筑的法律对经济社会的发展起到保障作用，经济社会发展模式的转型必然对法制提出新的要求。质量法制正是适应城市发展由"速度"向"质量"转变的需要，为城市质量建设提供保障和促进作用，并适应经济社会发展规律的产物。

二、质量法制的基本特征

质量法制作为规制城市质量建设的原则、规则和制度的总称，它具有以下基本特征。

（一）内容的综合性

城市质量建设涉及经济、社会、人口、环境等诸多方面，相关原则、规则和制度所反映和包含的内容也是多样的，这决定了质量法制内容的综合性。从法的渊源的角度，它不可能只是单一的形式，而必然包括法律、法规、规章等，既包括部门规章，当然也包括地方政府规章，就广东省和深圳市来说，还包括经济特区立法；就法的调整对象来说，既包括经济法律关系、行政法律关系、商事法律关系等，也包括民事法律关系，总之，质量法制是由调整多方面社会关系的法律法规构成的统一有机体。城市质量建设的内容往往体现在城市建设的综合性规划中，这也决定了质量法制具有较强的整合性。质量法制的综合性对一个城市的法律法规体系的构成具有重要影响。

（二）规则的区域性与世界性

提高城市发展质量已经越来越成为世界各国、各地区的共识。这决定了世界各国、各区域之间在质量法制建设方面存在较多的共同利益和观点。一个城市的质量建设也不是孤立的、可以独善其身的，在很多领域都需要与周边城市甚至国际间协同共进，这就要求在规则的制定方面保持一致。以深圳为例，深圳的城市质量建设必须立足于粤港澳大湾区，特别是在产业结构调整、生态环境治理等方面的质量建设，需要与珠三角、港澳地区建立广泛的合作，在法律、规则及相关标准的制定和执行方面要达成一致，要出台在粤港澳大湾区范围内具有约束力的规范性文件。总体来说，城市质量建设的广泛协作性决定了质量法制的区域性和世界性。

（三）实体规范与程序规范并存

实体规范与程序规范的紧密结合是质量法制一个明显的法律特征。法律规范一般分为实体规范与程序规范，在整个法律体系里两者并行不悖，相互作用，相互依存，而又自成体系。由于质量法制不属于某一单独的部门法，所以不能单纯地认定为实体法或者程序法，许多质量建设方面的法律法规既包括特定领域内法律主体间的实体权利和义务，也包括为实现这些权利和义务所必须遵循的法定程序。这里所指的法定程序是指在质量法制中加以确认的，有关部门和组织在实现质量建设和管理活动中所必须遵守的管理上和技术上的程序。同时，也包括在追究法律责任、调解和仲裁有关纠纷时必须遵守和履行的程序。

第三节
质量法制应有的基本框架

从《粤港澳大湾区发展规划纲要》可以解读出，粤港澳大湾区将成为引领高质量发展的新引擎。高质量发展离不开质量法制的支撑。针对城市质量建设的实际问题，逐步建立和完善质量法制的基本框架，这是城市质量建设实效性的根本保证。深圳在质量法制建设方面已经迈开了坚实的步伐，特别是在质量法制立法方面有所创新。比如深圳在质量建设方面的法律法规既包括实体法的内容，也包括程序法内容，在法的渊源上既有经济特区立法，也有地方性法规以及部门规章等，其中包括《深圳经济特区质量条例》[①]和《深圳经济特区产品质量管理条例》[②]，以及《深圳市市长质量奖管理办法》《深圳市市场监督管理局产品质量监督抽查工作管理办法》《深圳市市长质量奖评审管理规范》等政府规章和部门规章，还有一些与质量相关的立法，比如《深圳经济特区严厉打击生产销售假冒伪劣商品违法行为条例》等。搭建质量法制框架，除了抓好立法层面，也要完善质量建设的制约与保障制度、服务体系等。

[①] 2017 年 4 月 27 日经深圳市第六届人民代表大会常务委员会第十六次会议通过，自 2017 年 7 月 1 日起施行。
[②] 1995 年 3 月 30 日经深圳市一届人大常委会第 29 次会议通过，1999 年 5 月 6 日深圳市二届人大常委会第 32 次会议修正，2011 年 10 月 31 日深圳市五届人大常委会第 11 次会议修订，自 2012 年 2 月 1 日起施行。

一、质量法制框架中的程序优先原则

程序规范是实体规范得以实现的保证。世界各国城市质量建设经验表明，提高城市建设的质量，理应从程序入手，有了程序规范，才能够明确各方职责，也才能确定行政行为的准则。深圳市明确提出，深圳质量建设"坚持市场导向、政府推动和社会参与相结合，建立和完善政府、企业事业单位、行业协会及其他社会组织和公众等共同参与的深圳质量共建机制"①。这种"质量共建机制"的有效运转，须以程序规范为前提。这些程序规范包含两类，一类是约束政府及其各部门的，例如各级管理部门相关职权范围规范、处理具体事务的程序和时限规范、监督程序，以及相对应的责任规范等；另一类是规范和指引自然人以及企业事业单位、行业协会及其他社会组织等主体的，包括这些法律关系主体在参与质量建设过程中可以享有的程序性权利和应该遵守的程序性义务。

二、质量法制框架以健全的法律规范体系为基础

城市质量建设的综合性决定了质量法制的多重性，其框架的构建需以健全的法律规范体系为立足点。深圳市在质量立法方面已经有了很好

---

① 见《深圳经济特区质量条例》第六条。

的开端,制定了几部基础性的条例和规章,这对于深圳发展由速度向质量转变起到了承前启后的作用。但是,从立法学的角度和城市质量建设工作的实际需要来看,还存在着许多问题,这主要表现在以下几点:一是立法缺乏规划和系统。质量建设中许多方面的社会关系缺少法律法规的调整,在整合资源、调动各方面工作积极性方面还缺乏统一性。例如,深圳市除了就产品质量专门制定了条例外,城市质量建设的其他方面,包括工程质量、文化质量、社会质量、生态质量、城市建设管理质量和政府服务质量等都还没有专门的质量条例或规章。二是已颁布的条例和规章其内容大都是原则性的、倡议性的条款,缺少"制裁"条款和责任条款。这使得立法本身应具有的强制力被软化,仅仅具有导向性的作用,可操作性也不强,显然对于构建质量法律法规体系是不利的。三是标准体系建设还比较滞后。城市质量建设非常重要的一环就是建立和完善标准体系,这是城市质量建设的量化与规范,也是质量法制体系的重要组成部分。深圳目前只出台了《深圳标准标识管理办法》《行政处罚裁量权标准》《深圳标准先进性评价管理办法》等少数几部涉及标准化体系的条例和规章,其他有关经济、文化、社会、生态、城市建设管理和政府服务等各个方面的先进标准及规范还是空白,这容易导致城市质量建设工作出现无章可循的状况。

按照全面依法治国的要求,"重大改革要依法有据,要先变法,后改革,在法治轨道上推进和深化改革"[①]。因此,我们应当把制定和完善

---

① 李林. 全面深化改革应当加强立法能力建设 [J]. 探索与争鸣,2017(8):25—26.

法律法规这一基础性工作贯穿于城市质量建设的全过程，逐渐打造健全的质量法律规范体系，克服立法滞后的现象。质量立法不但要借鉴、移植，更要创新。首先是要搞好城市质量建设立法工作的顶层设计，做到全面、系统、创新，使质量建设的各项内容都纳入质量法制框架范围内。其次是注意质量立法中法律规则的逻辑结构。法律规则的要素区分为假定、处理和法律后果三种成分，从逻辑上讲，三者缺一不可；其中法律后果是法律规则中对遵守规则或违反规则的行为予以肯定或否定的规定。[①] 制定的质量法律规范不但要有前提条件和行为模式的内容，也要有法律后果的内容，这样才能使法律规范具有强制性和实效性。最后是要按照国家标准化战略的要求，加快完善和优化深圳标准体系，提升深圳标准化水平，为深圳质量建设提供有力的技术支撑。主要是要尽快研究制定有关强化深圳标准实施与监督的法规和制度，出台各行各业制定、实施先进标准的鼓励措施、奖惩制度等。

三、建立与完善质量建设的制约保障制度

质量建设的制约保障制度，主要是明确城市质量建设各方参与者依法享有的权利和需要承担的义务，对质量违法、违规行为进行监督和惩治的制度。

---

① 张文显 . 法理学 [M]. 北京：高等教育出版社，2018.

　　一方面，要建立一整套完备的监督体系才能改变质量法律法规"弱法"的现状，使其真正落到实处。监督体系包含行之有效的监督手段和严格的监督标准，例如：质量问题发现和处理机制、质量问题投诉处理、跟踪评价和公示制度等。在监督方式上，可以采取权力机关监督、党组织监督、行政机关内部监督和社会监督等。就构建质量法制框架而言，行政机关内部监督和行政管理相对人监督是最重要的，即各质量建设的行政管理部门依据质量法律法规对质量建设工作进行检查、督促，包括政府绩效考核、问责等制度；有关企业事业单位依据已颁布的条例、规章进行自我监督，包括建立首席质量官制度等，对自身的产品和服务质量进行监管，同时对政府部门的质量建设工作进行监督。

　　另一方面，要建立和完善保障和激励制度，既包括对政府相关部门授权和职能的具体规定，以及有关企事业单位、自然人权利的具体规定，也包括对质量建设给予资金支持、基础设施支持、技术支持及奖励等的相关制度建设。

第三章
CHAPTER 3

城市生态环境质量
建设的法制问题

近年来，由只注重建设速度转向更注重建设质量，或者把建设速度与建设质量并重，以质量引领经济的发展，成了我国一些城市发展的战略选择。深圳在"质量引领经济"方面走在了全国前列。2019 年 8 月《中共中央 国务院关于支持深圳建设中国特色社会主义先行示范区的意见》中明确深圳的定位是"高质量发展高地"。深圳市早在 2010 年就提出了"深圳质量"的概念，确立了建设质量强市的战略目标，坚定不移地走质量引领、创新驱动的发展之路。深圳市为此还出台了《深圳经济特区质量条例》，对"深圳质量"做了专门界定，跳出了传统的"产品质量"的框框，把其内涵扩大为包括经济、文化、生态环境以及城市建设管理和政府服务等领域的质量建设。这为打造国际一流都市奠定了法制基础。

衡量城市发展质量其中一项直观的、综合性的指标就是城市的生态环境质量。生态环境的质量反映了城市文明的发展程度，是城市发展质量的重要内容。

第一节
生态环境质量与城市发展的相互影响

近年来我国各大中城市在经济、社会等领域都取得了突飞猛进的发展，但伴随城市发展而来的是生态环境问题的挑战。深圳市是全国首个全部城市化的城市，占地 1997.47 平方千米，人口、企业的数量与密度非常大。根据深圳市统计局统计的相关数据显示，截至 2018 年末深圳市常住人口达 1302.66 万人，登记在册法人和其他组织总量超过 312 万家，其数量与密度（指每千人拥有企业数）均居全国各类城市首位，仅次于香港。庞大的城市人口规模、纷繁复杂的各项人类活动不断挑战城市生态环境的负荷底线，迅猛推进的工业化进程更是使生态失衡和环境污染成为城市发展的绊脚石以及城市质量提升的短板。

生态环境质量的下降，包括水污染、大气污染、噪声污染、固体废物污染、绿地的减少等，一方面弱化城市的宜居性、舒适性，影响城市居民生活品质的提升，还会带来一系列健康问题；另一方面不利于打造一流的营商环境，影响消费需求和优质资本的引入，进而影响城市的产业发展以及经济的可持续增长。

深圳要建设中国特色社会主义先行示范区，建成"城市文明的典范"和"可持续发展先锋"，首要任务是提升城市的生态环境质量。因此，严格的生态环境保护制度和生态环境监管执法、科学而完善的

生态文明评价考核体系、健全的环境公益诉讼制度等环境法制建设成

为城市建设的内在需求。

第二节
生态环境保护法律法规现状

一、国家层面生态环境保护法律法规的现状

从 1979 年《环境保护法》出台至今已经 40 余年了，我国在环保法律法规的制定方面取得了丰硕的成果。从立法理念的变迁的角度探讨，我国的环保立法大体经历了三个阶段，即从建国初期的通过宪法确立"保护环境和自然资源"的有关制度，到改革开放后出台《环境保护法》以及通过修宪进一步确立"保护和改善生态环境和生活环境，防治污染和其他公害"的有关原则和制度，再到党的十八大把环境保护工作上升到"生态文明建设"的高度，提出加快建立系统完整的生态文明制度体系，并表示要用最严格的法律制度来保护生态环境。

（一）现行《环境保护法》的几个特点分析

我国现行的《环境保护法》是 2014 年修订的，被称为"史上最严的环保法律"。现行《环境保护法》主要有以下特点：一是在制度设计上比较严厉、全面。例如规定企业除了要遵守排污标准外，还必须控制污染物排放的总量；全面实施包括大气、水、固体废物等污染防治领域在内的环保许可制度；确立了环保信用制度，将企业遵守环

保法律法规情况纳入企业信用管理；在重点生态功能区、生态环境敏感区和脆弱区建立生态红线保护制度等。二是授予地方政府和生态环境主管部门更大的权限，当然也是更大的责任。例如规定省级政府有权制定严于国家环境质量标准的地方环境质量标准；授权环境执法部门对造成污染物排放的设施、设备有查封、扣押的权力，对某些比较严重的环境违法行为责任人有权移送公安机关给予行政拘留的处罚等。三是设置了可操作性强的相互监督、监管机制。例如为了加强地方政府的监管责任，规定省市生态环保厅（局）有权对未完成环境质量目标任务的地区暂停审批相关新增项目；对于企业造成环境污染和生态破坏的，有过错的环评机构、监测机构或从事环保设备、设施维护运营的机构要承担连带责任等。

（二）构成生态环境保护法制的其他法律法规

我国有关生态环境保护的法律除了《环境保护法》以外，大体可以分为三类：第一类是专门针对防治环境污染做出规定的法律，主要有《水污染防治法》《固体废物污染环境防治法》《大气污染防治法》《海洋环境保护法》《清洁生产促进法》等。第二类是有关自然资源保护的法律，主要有《矿产资源保护法》《野生动物保护法》《水法》《农业法》《渔业法》《草原法》《畜牧法》《煤炭法》《深海海底区域资源勘探开发法》《节约能源法》等。第三类是与生态环境保护相关的法律，既包括关系比较密切的，例如《环境影响评价法》《气象法》《城乡规划法》《防洪法》《环境保护税法》等；也包括涉及生态环境保护相关条款的法律，例如《民法总则》把"绿色原则"确定为六大民事基本原则之一，规定民事主体从事民事活动，应当有利于节约资源、保护生态环境，《行政诉讼法》规定了检察机关可以依法向法院提起环境行政公益诉讼，《民事诉讼法》规定了法律规定的机关或者有关组织可以向法院提起环境民事公益诉讼，《侵权责任法》专门规定了"环境污染责任"，《刑法》专门规定了"破坏环境资源保护罪""环境监管失职罪"等罪名。

二、深圳有关生态环境保护的地方立法现状分析

深圳市生态环境保护的地方立法起步比较早，相关法规和规章覆盖面也比较广泛。在保护生态环境的综合性基本法规方面，深圳市于1994 年制定了《深圳经济特区环境保护条例》，并于2000 年、2017年和2018 年进行了三次修正，2009 年进行了一次修订。该条例刚出台时，有关规定就比国家环保法律更为严厉；2009 年修订版不但引入了新的环保理念，还确立了一系列与国际接轨的新制度。例如该条例要求"城市发展应当遵循环境优先原则"，为深圳市提高城市发展质量特别是生态环境质量把握了方向。该条例规定了暂停审批、按日处罚、总量控制、排污权交易等新的环保制度，明确并强化了政府和企业的环境责任，并将政府环境责任进一步明确为环境考核制度、环境质量报告制度等，具有较强的可操作性，为提升城市生态环境质量

提供了创新的制度保障。更难能可贵的是，该条例赋予组织和个人除《环保法》规定的获取环境信息权、参与环境监督管理权以外的"在良好环境中生活的权利"以及"得到环境损害赔偿的权利"，丰富了生态环境权的内涵，有利于深圳市进一步完善生态文明制度。

在环保单行立法方面，主要有防治水污染的法规，比如《深圳经济特区饮用水源保护条例》《深圳经济特区海域污染防治条例》等；防治大气污染的法规主要有《生活垃圾焚烧发电厂自动监测数据应用管理规定》《深圳经济特区机动车排气污染防治条例》《深圳市扬尘污染防治管理办法》等；防治噪声污染的法规，比如《深圳经济特区环境噪声污染防治条例》等；防治固体废物污染的法规，比如《深圳市医疗废物集中处置管理若干规定》等。这些环保单行立法与国家相关法律规定相比也更为严厉。例如《深圳经济特区饮用水源保护条例》对饮用水源一级保护区的禁止性规定就比国家《饮用水水源保护区污染防治管理规定》严格得多，也更具体、更具可操作性。

第三节
当前生态环境法制存在的问题分析

一、生态环境保护立法方面存在的问题

（一）生态环境保护立法覆盖面还不足

随着人们对优美生态环境需要的日益增长，生态环境保护的内涵也不断在深化。2018 年 5 月召开的全国生态环境保护大会把"人与自然和谐共生"作为生态环境保护工作的目标之一，这为城市生态环境建设提出了更高的要求。生态环境保护的内容除了传统的水、空气、废物污染治理、绿地植被保护等内容外，还包括诸如生物多样性、物种资源、臭氧层保护等方面；在具体的环境保护执法过程中，还涉及环境损害赔偿、生态环境检测等问题。因此，生态环境法律法规也需要向这些领域延伸，包括全国性的立法和地方立法都需要完善。例如在保护生物多样性领域，全国专门性的法律法规还是空白，目前只有云南省出台了相关地方性法规；涉及环境损害赔偿、环境监管等的法律规则分散在环保法、侵权责任法、行政法等部门法律法规以及一些司法解释中，尚缺乏系统、统一的规范性法律文件。

立法覆盖面另一个问题是，目前有关防治环境污染方面的法律法规相对比较健全，而有关生态、资源保护方面的立法还比较缺欠，而且由于生态保护相关职能分属国土、规划、农业、城建、森林、海洋

等多个资源经济管理部门，导致现有生态、资源保护方面的法律条文分散于众多部门法中，不利于法的应用。现有的生态保护规则大都属于政策或技术规范层面，其效力、稳定性、实施效果跟法律法规相比显然是有差距的，所以完善生态保护立法是健全生态环境法制的重要内容。

（二）生态环境保护立法某些方面的质量有待提高

生态环境保护立法质量方面存在的问题主要体现在三个方面。一是有些生态环境立法缺乏刚性规定，可操作性不强，原则性要求多。例如《环保法》虽然规定了对违法企业可以采取断水断电、强制封停、吊销执照、强制拆除违规设备等惩罚措施，但这些规定仍然过于笼统，具体执行过程中不好操作；地方立法本应是对全国性立法的具体化，但有些地方立法却只是把全国性立法复制一下，仅仅在文字上做了少量改动，缺乏制度化的、可操作性强的规范。二是针对不同的生态环境保护客体立法数量上不均衡，比如对水污染防治的法律法规比较多，而有关防治大气污染的地方立法却非常少。三是部分地方立法存在明显的局限性，不同省市对同一问题的处理效果有较大差别，这主要是缺乏国家层面的上位法做指导。例如有关湿地保护的立法，国家层面目前只有原国家林业和草原局出台的一个部门规章，效力层级不高，而有关山体保护的国家层面立法目前还是空白。

（三）在某些领域的立法速度跟不上生态环境新形式的发展

主要是生态环保立法的速度与环保理念的更新速度及政府对环保工作的重视程度不相匹配。一是对近年来进入重点关注领域的环保客体立法显得有点滞后。例如有关物种资源保护、生物安全、化学物质污染、山体保护等方面的立法还缺失。二是对现有生态环保法律法规的修订以及地方相关配套立法速度跟不上。例如有关固体废物污染、噪声污染、环评等方面的法律法规部分内容已不能满足新的生态环境保护工作的要求，需要做相应的修订；有些地方虽然出台了配套的地方性法规或部门规章，但因制定时间跨度较长、内容不全面等影响了实施效果。例如《深圳经济特区饮用水源保护条例》中没有关于饮用水地下水源保护的特别规定，近年来随着地表水资源短缺和水污染加剧，需要建立地下水资源保护区，这方面立法需要尽快补齐。

二、生态环境行政执法方面存在的问题

（一）生态环保执法还存在一定的阻力

加大生态环境执法力度从短期来说可能会对企业的经济效益以及地方的经济增长指标造成一定影响，所以环保行政执法往往受到来自各方的干扰和阻碍，不但有个人、企业和社会团体的阻力，有时甚至受到地方党政负责人的干预，这是当前影响生态环保执法效能的重要原因。

（二）生态环保执法队伍建设的不足影响执法质量

各地普遍存在环保监测和执法人员配备不足、编制少的问题，以深圳为例，全市生态环境保护部门共有正式编制人员700多人①，而列入生态环保监管的企业有20余万家，往往十来个执法人员要监管上万家企业，人员配备明显不足；再者，环保执法是一项专业性很强的工作，要求执法人员兼具法律和环保专业知识，目前达到这一要求的环保行政执法人员比例还不高，这也在很大程度上影响执法质量。

（三）生态环保执法体制还有待进一步理顺

生态环保工作内容从以前的综合污染管理到现在水污染、大气污染、噪声污染、固体废物污染防治相对独立管理，相关部门和机构设置也发生了相应的变化，行政执法体制也应该理顺。特别是生态环保部门垂直管辖以后，行政执法工作一方面接受上级生态环境部门领导，同时也会受到属地政府的影响，政令冲突在所难免；生态环境执法工作往往需要公安、监察、市场监督（工商）、林业、水利等部门协同作战，但因为执法机制不理顺，各部门之间仍各自为政，缺乏行之有效的协调联动执法机制，生态环境部门"单打独斗"的问题一直没能得到有效解决。

---

① 数据来源：深圳市政府网站（2019 年）。

第四节
提高城市生态环境质量的法制保障措施

一、完善全国性立法和地方配套立法

首先，要尽快就环境污染治理的新领域以及生物多样性、物种资源、臭氧层保护、山体保护等生态保护领域完善立法，特别是生态保护立法亟待加强，把生态文明建设、绿色发展的理念贯穿在整个立法过程中，通过生态环境保护立法工作推动自然生态系统保护体系和机制的建立与完善。其次，要加大地方、部门配套立法的力度，根据当地生态环境实际情况，对全国性的法律做具体化、本土化的规定，使其更具有针对性和可操作性。地方立法注重以绿色发展为导向的生态文明评价考核体系的构建，鼓励深圳等条件成熟的地方探索生态系统服务价值核算、环境信用评价、环境公益诉讼、信息强制性披露等政策和制度。最后，要加强其他部门法与生态环境法律部门的配合，进一步完善民事、刑事、行政等法律以及程序法中有关生态环境的内容，使之成为生态环境法制的一个重要组成部分。

二、提高生态环境立法质量

站在生态文明制度建设的高度开展生态环境立法工作，使制定的法律符合国家最新环境政策的要求，紧贴经济、社会发展实际，兼顾国内、国际生态环境理念的新发展，既适度超前又具有较强的可操作性，真正为打造人与自然和谐共生的美丽中国提供法制保障。首先，在立法程序上要贯彻科学、民主、公平等立法基本原则，在充分调研、论证的基础上制定法律、法规草案。出台之前广泛征求各方意见，对于影响较大的法律、法规的出台甚至可以先开展试点工作，特别注意法律法规实施的条件是否成熟的问题。其次，可以让一线的生态环境执法人员、律师、企业相关工作人员等参与到法律、法规草案的起草工作中，有利于增强法律法规的可操作性。再次，要充分借鉴发达国家的先进经验，移植外国良法和国际环境法中的先进成果。最后，完备的生态环境法律体系要求各种不同渊源的生态环境法律法规之间、上位法与下位法之间关系理顺、相互衔接、相互配合。有学者建议推动编撰生态环境法典①，对我国现行的近40部环境法律、60多部环境行政法规和100多个规章进行整理、编撰，这将是提高整个生态环境立法质量、完善生态环境法律体系的有效举措。

---

① 孙佑海.我国70年环境立法：回顾、反思与展望[J].中国环境管理，2019（06）：9.

三、全方位增强生态环境行政执法效能

一是理顺生态环境行政执法体制，联合公安、监察、市场监督（工商）、林业、水利等部门建立协调联动行政执法机制，深化跨部门、跨层级、跨区域、跨流域联合执法，落实行业管理责任、属地监管责任、企业主体责任；二是提高生态环境行政执法的智慧化、规范化水平，把现代科技信息技术手段应用于行政执法，可以利用卫星遥感、无人机等设备进行生态环境自动监侦，依托互联网、云计算、大数据等技术，打造执法监管大数据平台，做到精准执法，提高执法的针对性、科学性、时效性；三是针对执法对象搞好宣传教育工作，提高企业守法经营意识，提升其环境伦理道德水准和自觉约束自身环境行为的能力，为生态环境执法营造良好的法治氛围。

四、加强生态环境执法队伍建设

生态环境行政执法队伍规模、人员应当与监管企业数量、城市人口总量以及经济发展和社会管理相适应。一是建立健全培训考核体系、执法评议制度、执法监督机制、奖惩约束机制等制度，使生态环境执法队伍建设规范化、制度化；二是严格实施生态环境行政执法资格管理和持证上岗制度，对新招录的行政执法人员适当提高准入门槛，严格入口把关，要设置政治思想考查、业务能力考核等考查关，

除了考查法律知识和技能外，还要考查生态环境方面的科技水平；三是对于通过向社会购买服务或者聘用临时人员辅助执法的，也要规范行政执法辅助人员的聘用管理，严格控制使用执法辅助人员，通过制度化途径，明确其适用岗位、身份性质、职责权限、权利义务、聘用条件和程序等；四是加强教育培训，特别是培训新的生态环保理念、新的法律法规的有关内容，不断提升行政执法人员素质。

第四章
CHAPTER 4

经济发展质量的
法律保障

"法治是最好的营商环境", 2019 年 2 月 25 日, 习近平总书记主持召开的中央全面依法治国委员会第二次会议深刻阐述了这一重要论断。党的十八大以来, 以习近平同志为核心的党中央全面推进依法治国, 以更有力的法治举措推动营商环境不断优化, 中国经济正释放新的制度红利。

法治化原则是市场化原则的基础与保障, 这是法治社会中每个社会主体的行为底线, 若逾越了法治"红线", 就会破坏市场经济赖以运转的信用基础, 代价将是不可承受的。我们应坚持市场化原则与法治化原则, 坚持新发展理念, 以供给侧结构性改革为主线, 保障经济高质量发展。

中国特色社会主义进入新时代, 经济转向高质量发展阶段, 我国社会主要矛盾发生变化, 面对国际国内新形势提出的新挑战, 优化营商环境、经济高质量发展提出的新要求、新机遇、新任务, 要积极主动作为。我们要坚决把习近平总书记"法治是最好的营商环境"重要指示落到实处, 确保党和国家事业推进到哪里, 司法服务保障就跟进到哪里。

我们要进一步提高司法保护水平, 坚持党的领导、人民当家做主、依法治国有机统一, 扎实做好科学立法、公正司法、严格执法、全民守法各项工作。

第一节
深圳经济高质量发展理念概述

一、经济高质量发展的基本概念及特征

（一）深圳市关于"经济高质量发展"内涵的表述

进入新时代，高质量发展成为中国经济发展的新命题，成为深圳市政府制定经济政策、确定发展思路、实施宏观调控的根本要求。

促进高质量发展，必须适应经济新变化及人民新需要，形成优质高效的供给体系，提供更多优质产品和服务，满足人民群众对美好生活的期待，促进更高水平的供需平衡。

促进高质量发展，必须加快发展方式、发展理念、发展动力的多重转向，坚持人才第一资源、科技第一生产力，努力实现从要素驱动向效率驱动路径转换，形成更富竞争力、更加开放的经济体系。

促进高质量发展，必须适应社会主要矛盾的变化，解决好发展中的不平衡、不充分的问题，在经济增长质的提升中实现量的增长，促进工业文明、社会文明的共同进步。

促进高质量发展，必须坚持"绿水青山就是金山银山"的理念，自觉地推动绿色发展、循环发展、低碳发展，决不以牺牲环境为代价去换取一时得益，促进生态保护与经济发展互动共赢，建设生态文明的"美丽中国"。

我们要准确理解和深入贯彻高质量发展要求，切实把思维方式、目标追求和行动重点聚焦到更高质量、更有效率、更加公平、更可持续的发展上来，坚定走上一条发展模式新、经济增加值高、内生能力强、环境资源消耗少、能够支撑生活质量提升与经济增长同步的新路子。

2015 年，深圳市政府提出要推动标准、质量、品牌、信誉"四位一体"融合发展，将质量理念转化为质量意识，内化为质量自觉，成为社会普遍认同的价值观，贯穿到经济社会发展各领域和全过程。

2016 年，明确以提高发展质量和效益为中心，依托"创新驱动、质量引领、互联融合、协调均衡、绿色低碳、开放共赢、共建共享、文化强市、依法治市、市场导向"十大战略路径，打造深圳经济特区质量型增长内涵式发展的升级版。可以看出，新时期经济特区的发展思路，紧扣了"高质量"内涵，体现出立足长远的战略取向、准确客观的规律把握、全面具体的部署要求、持之以恒的部署落实。

2019 年 8 月 18 日，《中共中央　国务院关于支持深圳建设中国特色社会主义先行示范区的意见》发布。《意见》明确了深圳的五大战略定位，其中"高质量发展高地"被放在首位。相关人士指出，深圳的经济实力与发展质量在不断提升，一座充满魅力、动力、活力和创新力的国际化创新型城市正在加速发展。

2020 年 7 月底，深圳半年经济数据出炉，地区生产总值实现正增长。虽然只有 0.1% 的增量，但与全国经济半年报比，与北上广比，深圳是唯一由负转正的。从半年报中，就能看出深圳经济出现了明显趋势：正转向以数字经济为特征的高质量发展。深圳十分重视营商环境的改革，把它当作"一号改革工程"来抓，坚持对标最高最好最优标准，打出一套营商环境改革组合拳，率先推出 40 余项"秒批"、商事登记"三十证合一"、300 项"不见面审批"，实施建设投资项目审批"深圳 90"等。7 月 29 日公布的深圳商事登记数据半年报显示，2020 年 1 到 6 月，深圳新登记商事主体有 237209 户，同比增长 1.3%，商事主体总量和创业密度居全国大中城市首位。深圳创新创业热度不减的背后，良好的营商环境起到了关键的支撑作用。

2020 年 7 月 31 日，21 世纪经济研究院推出《2020 年中国城市高质量发展报告》，通过综合、创新、协调、绿色、开放、共享六大维度、33 项二级指标，对全国 35 个大中城市高质量发展成效进行测评。测评结果显示，"北上广深"四大一线城市组成第一梯队，深圳拿下综合、协调、绿色三项单项冠军，排名位居城市高质量发展榜首。

（二）各生产要素配置合理，经济发展效率高、活力强，经济发展平稳

党的十九届四中全会把"按劳分配为主体、多种分配方式并存"作为社会主义基本经济制度的同时，进一步指出要"健全劳动、资本、土地、知识、技术、管理、数据等生产要素由市场评价贡献、按贡献决定报酬的机制"。这是对分配制度、对生产要素构成等认识的持续深化。健全这一制度，对于调动各类生产要素参与生产的积极性、主动性、创造性，让各类生产要素的活力竞相迸发，让一切创造

社会财富的源泉充分涌流，具有极其重要的理论意义和实践价值。

如何健全劳动、资本、土地、知识、技术、管理、数据等生产要素由市场评价贡献、按贡献决定报酬的机制呢？深圳市政府从三个方面入手：

第一，明确劳动、资本、土地、知识、技术、管理、数据等生产要素的产权归属，实行严格的产权保护制度。马克思曾经指出："商品不能自己到市场去，不能自己去交换。因此，我们必须找寻它的监护人，商品所有者。"同商品一样，若没有所有者，生产要素也不能自己进入交换，并进而投入生产。因此，明确产权、保护产权是生产要素参与生产并获得收入的前提，生产要素参与收入分配实际上是收入在不同要素所有者之间的分配。要实行最严格的产权保护制度，完善相关法律法规，形成清晰界定所有、占有、支配、使用、收益、处置等产权权能的制度安排，依法平等保护各类产权。要优化产权配置，推进产权制度改革。要突出保护各类知识产权，完善有利于激励创新的知识产权归属制度，加大知识产权侵权损害赔偿力度。

第二，建设一个竞争有序、统一开放的要素市场。要促进要素自由流动，加快清理废除妨碍统一市场和要素自由流动的各项规定和做法。首先要推进要素价格市场化改革。最大限度发挥市场决定价格的作用，完善反映市场供求关系、资源稀缺程度的生产要素价格形成机制。由市场评价要素的贡献意味着一定要有一个完善的要素市场。其次要建设一个全国统一的要素市场。既要打破城乡分割，建设城乡统一的土地市场、劳动力市场，也要打破数据孤岛，引导培育数据交易市场，还要探索建立职业经理人市场，更要打破区域和条块分割，建设统一的知识产权市场。

第三，坚持问题导向，完善要素参与分配的机制。完善管理参与分配的机制，统筹用好员工持股、股权激励、股权分红等中长期激励措施，激发各级管理人员的活力。完善资本参与分配的机制，推进资本市场改革，创新金融产品，完善收益与风险匹配机制，让不同期限、承担不同风险的资金获得合理收益和风险补偿。完善劳动参与分配的机制，坚持多劳多得、少劳少得、不劳不得，让不同种类、不同强度的劳动获得不同的劳动报酬，提高劳动报酬在初次分配中的比重，巩固按劳分配的主体地位。完善土地参与分配的机制，建立健全土地增值收益分配机制。完善知识参与分配的机制，实行以增加知识价值为导向的分配政策，构建体现增加知识价值的收入分配机制，在全社会形成知识创造价值、价值创造者得到合理回报的良性循环。完善数据参与分配的机制，建立健全数据权属、共享、公开、交易规则，让数据所有者能够从数据使用中获得应有收益。完善技术参与分配的机制，鼓励科研人员通过科技成果转化获得合理收入，建立健全对科研人员实施股权、期权和分红激励的机制。

总之，健全劳动、资本、土地、知识、技术、管理、数据等生产要素由市场评价贡献、按贡献决定报酬的机制，增强了市场活力，是深圳市政府顺应经济高质量发展要求做出的科学决断，使经济的发展更加高效，经济发展趋向平稳，这对促进深圳经济高质量发展、提高人民收入水平、实现共同富裕都具有重大意义。

（三）产业布局合理，各产业协调发展，竞争力强

深圳市统计局 2019 年 11 月公布的前三季度经济指标显示，深圳前三季度生产总值达到 18689.13 亿元，按可比价计算，同比增长 6.6%。其中，作为实体经济主要指标的先进制造业和高新技术制造业增加值分别为 7.2% 和 8.1%，显示深圳在深入推进供给侧结构性改革和实施创新驱动战略方面取得成效，实现高质量发展。

中国（深圳）综合开发研究院金融与现代产业研究所所长刘国宏表示，深圳经济具有高度开放的鲜明特征，不管是现在高新技术产业的创新链条，还是原来加工贸易产业的供给链条，都高度融入国际市场，由此决定了深圳经济对全球形势变化反应更为敏感，也相对超前。所以，一段时间以来，面对国际严峻的经济形势，深圳经济增速调整是预期之中的事情。

从产业看，深圳经济结构更加合理。以金融业为代表的现代服务业在生产总值中的占比加重，据统计，2019 年前三季度，深圳第一产业增加值 19.14 亿元，同比增长 5.5%；第二产业增加值 7338.04 亿元，增长 5.5%；第三产业增加值 11331.95 亿元，增长 7.4%。三种产业结构由 2018 年同期的 0.1：40.2：59.7 调整为 2019 年前三季度的 0.1：39.3：60.6。

事实上，深圳深化供给侧结构性改革，构建高端高质高新的现代化产业体系，打造出现代服务业、战略性新兴产业、优势传统产业和未来产业 "四路纵队"，形成第三产业以现代服务业、规模以上工业以先进制造业、经济增量以战略性新兴产业等 "三个为主" 的产业结

构，实现了向梯次型现代产业体系的跃升。

高技术制造、先进制造，助推深圳工业高质量发展、迈向高端特征明显。2019 年前三季度，深圳高技术制造业、先进制造业增加值，占规模以上工业增加值的比重分别为 66.0% 和 71.4%。从主要行业看，深圳医药制造业增长 8.9%，计算机、通信和其他电子设备制造业增长 8.3%。专家说，在第二产业中，以含金量更高、最具发展潜力的新兴产业、高新技术产业为主，表明实体经济质量更高。

深圳领军企业表现抢眼。据中国企业家协会、中国企业联合会发布的"2019 中国企业 500 强"排行榜，恒大、正威、腾讯、华为、招商、中国平安、万科等 28 家深圳企业入围，体现深圳互联网、金融、高新技术、先进制造等产业的优势。其中，华为聚焦智能终端和 ICT 基础设施，持续提升公司运营效率和经营质量。截至 2019 年第三季度，华为实现销售收入 6108 亿元，同比增长 24.4%。

外贸出口结构更加合理、优化。据深圳海关统计，2019 年前三季度，深圳进出口 2.11 万亿元。其中，出口 1.2 万亿元，同比增长 4.8%。深圳海关统计分析处负责人表示，对"一带一路"沿线相关国家和地区、欧盟的外贸进出口表现较好。因此，深圳一般贸易出口平稳增长，对全市出口带来正拉动作用，深圳民营企业继续领军进出口，对稳定外贸进出口功不可没。2019 年前三季度，深圳民营企业进出口超过万亿元，增长 5.1%，达 1.22 万亿元，占同期全市进出口总值的 57.7%，占全市外贸比重近 6 成，拉动全市外贸增长 2.7%。

（四）绿色、协调发展理念

绿色是自然界中常见的颜色，象征着生机与勃发，它更代表了人民群众的期盼、对美好生活的希望，民有所呼，党有所应。习近平同志在党的十八届五中全会上，提出创新、协调、绿色、开放、共享"五大发展理念"，将绿色发展作为关系我国发展全局的一个重要理念，并在"十三五"乃至更长时期我国经济社会发展中长期贯彻执行，体现了我们党对经济社会发展规律认识的深化，将指引我们更好地实现国家富强、人民富裕、中国美丽、人与自然和谐，从而实现国家永续发展。

党的十八大、十九大以来，习近平同志洞悉从工业文明到生态文明跃迁的客观规律和发展大势，立足推进我国社会主义现代化建设的时代使命，推动了马克思主义生态文明理论在当代中国的创新发展，提出了人与自然和谐发展的一系列新论断、新观点、新思想，强调"生态兴则文明兴，生态衰则文明衰"，凝聚形成绿色发展理念。从科学的角度揭示生态兴衰决定文明兴衰的发展规律，形成与时俱进的马克思主义生态观。

深圳推进"绿色惠民、绿色富市"的绿色发展理念，彰显了深圳市领导对新时期惠民之道的深刻认识，一是构建城市绿色发展新格局，二是打造人与自然和谐共生。"不谋万世者不足谋一时。"深圳市政府既着眼长远，又立足当下，坚持节约资源和保护环境的绿色协调发展理念，坚定走生态良好、生活富裕、生产发展的文明发展道路，加快建设环境友好型、资源节约型深圳。

二、深圳经济发展由速度向质量的转变

（一）较大的经济体量为经济高质量发展提供物质基础

在新冠肺炎疫情的影响下，深圳经济受到很大冲击，但在大体量下仍能保持较高增长，彰显了作为粤港澳大湾区建设核心引擎的经济实力。

让我们来看一下 2019 年深圳市 11 个区经济发展大致情况。

深圳 2019 年生产总值位于全国城市第三，仅次于上海和北京，为 26927 亿元，人均生产总值突破 20 万元。

假如按经济总量来划分，深圳 11 个区可分为 4 个梯队。第一梯队有 1 个，6000 亿以上，为南山区 6104 亿；第二梯队有 3 个，3000亿到 5000 亿，分别为龙岗区 4686 亿、福田区 4547 亿、宝安区 3854亿；第三梯队有 3 个，1000 亿到 3000 亿，分别为龙华区 2511 亿、罗湖区 2390 亿、光明区 1021 亿；第四梯队有 4 个，1000 亿以下，分别为坪山区 761 亿、盐田区 656 亿、大鹏新区 351 亿、深汕合作区 53 亿。

深圳的第一、第二梯队都能够独当一面，生产总值进入全国城市60 强；第三梯队超过较强县市和一般地级市；第四梯队除深汕合作区外，都算得上县级经济发展中上水平。值得一提的是，深圳人均生产总值连续 35 年领跑全国。所以，深圳的经济体量确实很强大，为经济的高质量发展提供了物质基础。

（二）合理的产业结构为经济高质量发展提供必要条件

截至 2020 年上半年，深圳的四大支柱产业已经形成，同时未来产业与战略新兴产业共同发展。四大支柱产业包括现代物流业、金融服务业、高新技术产业、文化创意产业；战略新兴产业包括绿色低碳产业、数字经济产业、新一代信息技术产业、新材料产业、高端装备制造产业、生物医药产业、海洋经济产业；未来产业包括智能装备产业、生命健康产业、机器人产业、可穿戴设备产业、航空航天产业。

具体来看，深圳的产业结构凸显 "三个为主"：规模以上工业以先进制造业为主，先进制造业占工业比重超过 70%；第三产业以现代服务业为主，服务业占全市生产总值比重 60.5%，现代服务业占服务业比重提高至 70% 以上；经济增量以新兴产业为主，新兴产业对全市生产总值增长贡献率达 38%。

未来，深圳将和惠州、东莞一起，打造成为新的跨区域产业集群，和 "广佛产业集群" 一道构成大湾区双产业基地体系，同时，在产业体系的构成上会协同互补，为深圳经济高质量发展提供必要条件。

（三）良好的创新机制为经济高质量发展提供内在驱动

1. 补基础强化战略科技力量

科技部、发改委等国家五部委于 2020 年 3 月联合印发《加强 "从 0 到 1" 基础研究工作方案》，全面加强基础科学研究，并确定深圳正式成为综合性国家科学中心。

深圳强化创新基础按下 "加速键"。首个国家高性能医疗器械创新中心落户深圳，打造创业、创新、产业融合的全球开放创新平台；《支持光明科学城打造世界一流科学城的若干意见》出台，一个全球领先的重大科技基础设施集群和新兴产业集群蓝图绘就；2020 年深圳启动深港科技创新合作区深圳园区"1+N"项目建设；深圳 E 级超级计算机项目建设加速推进，二期建设工作进入攻坚阶段。

2. 创新政策体系不断完善

深圳创新改革的中心环节是创新科技管理机制，打造科技体制改革先行区。自 2020 年以来，深圳不断完善创新政策体系，坚持把创新作为第一动力。

深圳市政府于 2019 年印发《深圳市科技计划管理改革方案》，推出"科改 22 条"创新举措，项目经费"包干制"，评审专家"邀请制"，推行项目推荐"悬赏制"，项目评审"主审制"，使科技计划项目管理更符合科研规律。深圳正加快形成有利于创新发展的政策环境和体制机制，全面激发创新活力。

3. "双创"氛围浓厚

搭建创新创业交流平台，优化创新生态。深圳实施创新券支持项目，加快健全"众创空间—孵化器—加速器"创业孵化链条，推动众创集聚区建设。2020 年深圳拥有国家备案众创空间 112 家，在服务实体经济、推动科技型创新创业方面发挥了重要作用。

积极搭建各类创新交流平台。深圳成功举办 IT 领袖峰会、深圳创新创业大赛、中国创新创业大赛电子信息行业总决赛、国际人才交流大会、石墨烯高峰论坛等活动，多维度、全方位、立体化展示深圳浓厚的"大众创业、万众创新"氛围。这里的创业公司充满青春与活力，是国际创业者的天堂，湾区创业创新气氛浓厚，创业者大有可为。

4. 打造科技体制改革先行区

2020 年政府工作报告提出，要稳定支持基础研究和应用基础研究，加快建设国家实验室，深化国际科技合作，实行重点项目攻关"揭榜挂帅"，并深入推进大众创业万众创新。

深圳贯彻落实 2020 年政府工作报告，注重源头供给，深化改革创新，协同推进综合性国家科学中心建设，加强基础和应用基础研究，补齐科技基础短板，极大提升深圳创新能级。深圳下一步将以体系建设和能力建设为主线，以提升科技创新支撑引领作用为目标，打造高水平创新平台，继续深化体制机制创新，为深圳建设中国特色社会主义先行示范区提供科技支撑，为深圳经济高质量发展提供内在驱动。

三、深圳经济高质量发展的路径及制度安排

（一）"五位一体"走出高质量发展路径

坚持以提质为核心，深圳加快实施标准先行、设计支撑、质量引领、品牌带动、信誉保障的"五位一体"融合发展策略，促进供给端优质要素持续集聚、发展势能稳步提升，高标准打造高质量发展深圳样本。

1. 质量品牌引领发展新优势

深圳以提升效益和发展质量为中心，大力开展质量提升行动，全力推动"质量强市"战略，努力打造高质量发展示范区。深圳质量工作成效有目共睹，于 2019 年 5 月得到国务院督查通报表扬。

为了通过提升质量标准来推动深圳高质量发展，2019 年 11 月，深圳出台《关于开展质量标准提升行动推动高质量发展的实施方案（2019 — 2022 年）》。这是深圳首次以市委、市政府名义出台的提升质量标准推动高质量发展的文件，对后续全市至 2022 年的质量标准提升工作进行系统、全方位部署，基本覆盖生态、社会、经济、文化、城市建设管理和政府服务质量标准工作，共有 23 个方面 141 项举措，使深圳在打造高质量发展高地上再次走在全国前列。

2. 信誉保障塑造深圳影响力

随着经济社会发展程度的加强，深圳对信用的需求也越来越强烈。深圳的高质量发展，离不开良好的信誉做保障。作为国内较早开展社会信用体系建设的城市，深圳从 2001 年开始就全面启动社会信用体系建设，率先构建信用信息应用体系，在政府层面成立信用机构。

失信难行，守信畅行。信用体系是营商环境的基础和应有之义，深圳公共信用中心实施信用联合奖戒，将奖惩规则、红黑名单自动嵌入各政府部门的监管、审批、服务等业务工作流程。

信用必须依靠市场来推动。综合开发研究院（中国·深圳）专家表示，当前高质量的深圳品牌驰名中外，只有以深圳信誉塑造"深圳服务""深圳创造"影响力，深圳城市品牌效应才会更加显著。

3. 标准设计推动转型升级

标准是市场竞争和产业发展的核心要素，高质量的标准产品，靠设计提供强大支撑。2020 年"深圳设计"从一个"成绩突出"的独立行业，成长为推动高质量发展、产业升级的一股重要力量。深圳作为国内第一个被联合国教科文组织认定的"设计之都"，曾获德国红点设计奖、iF 大奖，数量连续多年位居全国第一，深圳珠宝、服装、钟表等传统产业在"深圳设计"的推动下，抢占产业价值链高端，成功实现转型升级。

（二）产业体系的进一步现代化

深圳市委六届十次全会指出，要在建设现代化经济体系上率先突破、做得更好，推动深圳产品向深圳品牌、深圳速度向深圳质量、深圳制造向深圳创造转变，形成具有世界级竞争力的现代产业体系。

2020 年，深圳已构建起"四个为主"的现代产业体系，即全市产业以文化、金融、物流、高新技术"四大支柱"产业为主，经济增量以战略性新兴产业为主，规模以上工业以先进制造业为主，第三产业以现代服务业为主，成为国内战略性新兴产业规模最大、集聚性最强的城市之一。

据统计，2020 年上半年，深圳第一、二、三产业增加值比例为 0.1∶36.0∶63.9，规模以上工业以先进制造业为主，实体经济不断得到优化；第三产业以现代服务业为主，占比超过 70%。

深圳新经济成为经济增长主引擎，占比较大，文化创意、现代物

流、金融服务、高新技术四大支柱产业增加值占全市生产总值比重逾 6
成，新经济占全市生产总值比重约为 2/3。深圳先进制造业以及现代服
务业比重持续提升，经济结构持续优化，生产总值的"含金量"更高。

2020 年深圳前瞻布局战略性未来产业和新兴产业，构建现代化产
业体系，加快建设国际科技和产业创新中心，实现了向梯次型现代产
业体系的跃升。

（三）构建开放型经济新体制

中国共产党深圳市第六届委员会第十二次全体会议于 2019 年 9
月 17 日召开，讨论了《深圳市建设中国特色社会主义先行示范区的
行动方案（2019 — 2025）》。全会强调，加快构建与国际接轨的开放
型经济新体制，率先建设体现高质量发展要求的现代化经济体系，推
动深圳发展质量、经济实力跻身全球城市前列。

构建开放型经济新体制主要涉及三方面内容：一是国内营商环
境，核心是推进经济行为市场化、政府行为法治化，形成经济运行管
理新模式。二是涉外体制机制，核心是建立市场配置资源新机制，使
市场发挥决定性作用，同时又能更好地发挥政府的作用。三是国际规
则体系，核心是构建由我国主导的经贸合作模式、以我国为主的产业
分工体系、互利共赢的国际合作格局，提高我国在全球经济治理中的
制度性话语权。

构建和国际接轨的开放型经济新体制，既是建设中国特色社会主
义先行示范区的重要任务之一，又是深圳谋求自身进一步发展的必然

举措。不久的将来，深圳会跻身全球城市前列，成为社会主义现代化
强国的城市典范，同时为我国构建开放型经济新体制提供宝贵的实践
经验。

第二节
经济高质量发展的法律制度框架

一、经济高质量发展涉及的法律部门

（一）与经济高质量发展相关的行政法律法规

1.《中华人民共和国行政复议法》

行政复议是指国家行政机关在依照法律法规和规章赋予的职权进行行政管理的活动中，与行政管理相对人发生争议的时候，上一级行政机关或者法律法规规定的行政机关，根据行政管理相对人的申请，对引起争议的具体行政行为是否合法适当进行复查审理并做出裁决的活动。

行政复议法强调防止和纠正不当或者违法的行政行为，保护法人、公民、其他组织的合法权益，监督和保障行政机关依法行使职权。行政复议法把行政复议制度作为行政机关内部自我纠错的一种监督制度，加以法律化和规范化，维护社会经济秩序和社会稳定，加强行政机关内部监督，从制度上遏制和清除腐败，对于推动社会主义民主政治建设，发挥巨大而重要的作用。

2.《中华人民共和国行政处罚法》

行政处罚是指行政主体依照法定程序和职权对违反行政法规范，尚未构成犯罪的相对人给予行政制裁的具体行政行为。制定行政处罚法，是我国行政法制建设中的一件大事，也是加强社会主义民主政治建设的一个重要步骤。行政处罚法的制定，对于规范行政机关有效地依法行政，保护公民的合法权益，促进社会主义市场经济的健康发展，维护社会秩序和公共利益，加强廉政建设，改进行政管理工作，都将起到重要作用。

行政处罚法所确定的听证制度、对行政处罚的监督制度、行政处罚设定权制度、罚款决定与罚款收缴相分离制度、实施行政处罚的资格制度、相对集中行政处罚权制度等，是对现行处罚制度的重大改革，对加强法制建设、转变政府职能、改革行政机关机构都将产生深远影响。

3.《中华人民共和国监察法》

2018年3月20日，第十三届全国人大一次会议表决通过了《中华人民共和国监察法》。这是一部对国家监察工作起基础性和统领性作用的法律，是反腐败国家立法。制定此法，通过贯彻落实党中央关于深化国家监察体制改革决策部署，使党的主张通过法定程序成为国家意志，以法治方式、法治思维开展反腐败工作，影响深远，意义重大。

现在反腐败斗争形势依然严峻复杂，制定监察法是坚持国家监察与党内监督有机统一，坚持走中国特色监察道路的创制之举。通过立法方式保证依法治国与依规治党、国家监察与党内监督有机统一，将党内监督同群众监督、舆论监督、司法监督、民主监督、国家机关监督贯通起来，不断提高党和国家的监督效能。

4.《深圳市法制局关于我市行政机关行政执法适用法律的指导意见》

为了正确贯彻实施《中华人民共和国立法法》，保障深圳市各行政机关严格准确地依法行政，根据《中华人民共和国立法法》的有关规定和全国人大常委会授予深圳立法权的决定，并经深圳市政府同意，制定《深圳市法制局关于我市行政机关行政执法适用法律的指导意见》。《意见》是深圳市法制局根据有关法学原则和原理，在研究《立法法》有关规定和全国人大常委会授权决定基础上，就深圳市行政机关在行政执法实践中怎样正确确定执法依据提出的指导性意见，具有一定的法律和法理依据。深圳市行政机关如果不按照《意见》确定执法依据导致适用法律不当，从而造成错误行政行为，应按照有关法律规定承担相关责任。

（二）与经济高质量发展相关的民商事法律法规

1.《中华人民共和国民法典》

十三届全国人大三次会议于 2020 年 5 月 28 日表决通过了《中华人民共和国民法典》，自 2021 年 1 月 1 日起施行。

《民法典》在中国特色社会主义法律体系中具有重要地位，被誉为"社会生活的百科全书"，它系统整合了 1949 年以来长期实践形成的民事法律规范，坚持以人民为中心，对推进全面依法治国、加快建设社会主义法治国家，对发展社会主义市场经济、巩固社会主义基本经济制度，对推进国家治理体系和治理能力现代化，都具有重大意义。

在 2020 年全面建成小康社会收官之年这个时间节点上，立法机关通过法典编纂的形式，将我国改革开放以来不断积累的司法经验和立法予以总结，并回应国家治理能力和治理体系现代化的时代课题。因此，民法典是社会发展达到阶段性目标时具有标志性意义的丰碑。

2.《保障中小企业款项支付条例》

《保障中小企业款项支付条例》于2020年7月1日国务院第九十九次常务会议通过，自2020年9月1日起施行。《条例》明确规定，机关、事业单位和大型企业采购货物、工程、服务支付中小企业款项，都应当遵守《条例》，不得变相拖欠中小企业款项。《条例》在融资担保、合同订立、投诉处理等方面也有规定，全方位保障款项及时到位，盘活流动资金。

2020年要做好"六稳""六保"工作，保中小企业的生存和发展是关键。《条例》的制定，体现了党中央、国务院对保障支付中小企业款项工作的高度重视，是化解拖欠中小企业款项问题，从而依法预防的制度保证。所以，此《条例》的颁布与施行，对维护中小企业的合法权益，具有重要的现实意义。

3.《深圳市关于加大营商环境改革力度的若干措施》

2018年1月17日，深圳市人民政府印发《深圳市关于加大营商环境改革力度的若干措施》。《若干措施》对标国际一流，对深圳营商环境进行系统设计、谋划、改革，是在新时代的背景下期望通过强有力的改革来营造更加优良的营商环境。

（1）探索设立100亿元中试创新基金。提出支持以市场化方式探索设立100亿元中试创新基金，支持中试生产线、中试基地建设，加快推进创新科研成果转化应用和产业化。

（2）措施重在改革上发力而不是突出优惠政策。《若干措施》从贸易绿色发展环境、人才发展环境、政务环境、产业发展环境、法治环境、投资环境等六个方面，提出 20 大改革措施、126 个政策点。

（3）建立完善的财产权保护机制和人才住房封闭流转机制。

（4）为企业减负约 1300 亿元。比如，落实输配电价改革措施，降低用电成本，合理调降广东电网趸售深圳电量和电价。

如果一个城市的营商环境不好，势必会影响城市经济的发展，影响城市创新创业的活力。深圳历来十分注重实体经济的发展。出台《若干措施》就是要降低企业税费负担和运营成本，支持其全面创新，营造优良的产业发展环境。

（三）与经济高质量发展相关的其他规范性文件

1.《深圳市人民政府关于深化住房制度改革加快建立多主体供给多渠道保障租购并举的住房供应与保障体系的意见》

深圳市委、市政府用创新的思路、改革的办法，系统解决好新时代各类群体的住房问题，不断深化住房制度改革，不断增加市民群众的幸福感、获得感和归属感。深圳在严格落实各项调控措施的基础上，通过建立健全住房供应和保障体系，加大政府保障力度，增加市场经济手段，合理调控好房价，减少高房价对吸引人才和发展产业的影响，为国家新一轮住房制度改革进行探索和实践。

深圳坚持以住房供给侧结构性改革为主线，针对不同专业人才和收入水平的居民等各类群体，突出多层次、差异化、全覆盖，构建多渠道保障、多主体供给、租购并举的住房供应与保障体系。充分发挥政府、社会组织、企业等各类主体作用，调整优化增量住房结构，盘活规范存量住房市场。

2. 深圳市人民政府办公厅关于印发《深圳市扶持实体经济发展促进产业用地节约集约利用的管理规定》的通知

为进一步推进土地供给侧结构性改革，更好地盘活存量土地资源，促进产业用地节约集约利用，2019 年 5 月 29 日，深圳市出台了《深圳市扶持实体经济发展促进产业用地节约集约利用的管理规定》（以下简称《管理规定》），从适用范围、审批机制、地价标准、实施路径等方面对产业用地容积调整相关事项进行了系统而全面的规定。

《管理规定》降低用地成本，充分调动市场主体的积极性。为提升企业扩大再生产的能力，降低企业用地成本，《管理规定》明确规定普通工业用地提高容积部分和无偿移交政府的建筑面积，不计收地价；新增的建筑面积符合深圳市产业发展导向的，可适用产业发展导向修正系数。丰富实施路径，给予市场主体较为充分的选择空间。为更好支撑实体经济发展，充分满足不同主体、不同产业、不同用地差别化的建设需求，《管理规定》提出产业用地容积及容积率调整可通过改建、新建、拆建及三种方式组合的路径实施。

3.《深圳市民营及中小企业扶持计划操作规程》

为了更好地促进民营及中小企业高质量发展，切实增强民营及中小企业自主创新能力，规范中小企业及民营企业扶持计划的组织实施，提高管理水平和资金使用效益，根据《深圳市市级财政专项资金管理办法》（深府规〔2018〕12 号）和《深圳市民营及中小企业发展专项资金管理办法》（深经贸信息规〔2017〕8 号），结合专项资金管理改革的有关要求，制定本规程。本规程自 2020 年 1 月 3 日起实施，有效期 3 年。

本规程构建了"一个资金、四大专项、若干个扶持计划"的扶持计划框架体系，原有专项资金管理办法逐步调整为相关扶持计划的操作规程的统一部署，满足了深圳新形势下的工作要求，以更好服务、更优政策、更大力度支持民营企业发展，对迁入深圳市的优质上市公司和升规工业企业给予支持和奖励等政策。

二、经济高质量发展法制存在的问题

（一）促进和保障创新驱动的法律法规有待完善

党的十八大报告指出，"科技创新是提高社会生产力和综合国力的战略支撑，必须摆在国家发展全局的核心位置"。这是我们党在深刻把握当今科技发展状况、国际经济社会发展规律的基础上做出的重要论断，体现了我国对创新驱动的高度重视。我国正处于深化经济体制改革的关键时期，我国经济发展的转变重点是着力提高质量和效益，而对于科技创新的这个重要论断不仅为深圳今后的科技发展指明了道路和方向，还对深圳推动经济改革、立足科技创新、社会各界形成共识提供了强大的理论支撑。纵观世界各国发展历史，科技的重要发展都会引领社会、经济等多方面的改革，而科技的蓬勃发展离不开法制的保障与规范。因此，深圳在实施创新驱动发展战略的同时，一定要下大力气开展并尽快完善科技法制的建设工作，充分发挥法律对创新驱动的机制保障功能。

深圳创新驱动法律保障机制存在以下几个问题：一是对科技工作的细化评价机制尚不完善；二是创新保障和激励制度落实不到位；三是对创新成果保护力度不够；四是创新环境有待进一步优化。所以，深圳通过下列几个方面对创新驱动法律保障机制进行深化改革：一是依法规范行政审批事项，着力规范中介机构市场行为和市场秩序；二是要重点健全知识产权方面的法制建设；三是要完善创新驱动发展的相关立法工作；四是提高对创新驱动法律保障机制的认识。

（二）发展战略性新兴产业的相关政策需要进一步上升为地方立法

《深圳市人民政府印发关于进一步加快发展战略性新兴产业实施方案的通知》提出：到 2025 年，力争培育一大批创新型企业、世界500 强企业，建成 10 个以上产业规模超百亿、产业配套完善、产业链条完备的新兴产业集聚区，打造更多千亿级和万亿级优势产业集群，掌握现代工程技术和一批前沿引领技术。值得注意的是，在方案空间布局中列出了 37 个重点发展片区。包括深圳湾超级总部基地、空港新城、光明凤凰城、立新湖片区、坪山高新区、宝安燕罗片区、梅观科技创新走廊、沙井片区、南山高新区、前海片区、阿波罗产业集聚区、坂雪岗科技城、环西丽湖片区、深港科技创新特别合作区、留仙洞产业集聚区、观澜高新园、梅林—彩田片区、公明片区、光明科学城、国际低碳城、盐田河临港产业带、九龙山片区、蛇口片区、大梧桐新兴产业带、尖岗山—石岩南片区、清水河片区、大鹏环龙岐湾、宝龙科技城、大运新城、海山片区、新桥东科技城片区、江碧环保产业园、西乡铁仔山科技城片区、宝安中心区—大铲湾片区、深汕特别合作区、平湖金融与现代服务业基地等。

（三）在市场监管、商事制度改革方面法制建设存在的问题

以前深圳商事制度、市场监管改革和法制建设方面都存在一些突出问题：一是以信用监管为核心的新型市场监管体系还未建立，失信联合惩戒机制还没有发挥应有的作用；二是监管立法进程缓慢，法律法规不够完善；三是商事主体的退出机制仍不够完善；四是各部门之间缺乏共识，严管方面未形成合力。

2016 年 9 月 6 日下午，在深圳市市场和质量监管委召开的深化商事制度改革加强事中事后监管座谈会上，吴红艳副主任指出下一步的工作重点：一是加快推进金信工程，请项目组、注册局、开发公司、金信办协同研究，通力配合，逐步完善；二是深入推进"多证合一"改革，密切关注"一门式、一网式"受理模式的推进情况；三是数字证书的使用问题，请企管处再次进行评估研究，牵头组织法规处、标准院共同研究。

第三节
构建具有深圳特色的经济高质量发展法制体系

一、完善有关科技创新、制度创新方面的立法

（一）科技创新、制度创新的立法意义

在建设创新型国家的进程中，我们一定要逐步健全完善制度创新、科技创新的法律法规，要充分发挥创新评价和激励机制的重要作用，积极推进成果的转化和应用，提升创新成果的质量，壮大科技创新工作者队伍，营造出鼓励、宽容、帮助科技创新发展的良好氛围。

（二）深圳科技创新、制度创新立法的完善

深圳市人大常委会于 2020 年 8 月 30 日正式发布表决通过的《深圳经济特区科技创新条例》，已于 11 月 1 日起施行。作为我国首部覆盖科技创新全生态链的地方性法规，其中有不少制度设计为国内首创。该《条例》结合深圳实际，做出不少保护和鼓励科技创新的制度设计。该《条例》在全国率先以立法形式固定财政对基础研究的投入——基础研究和应用基础研究资金投入比例应不低于市级科技研发资金的 30%，为基础研究提供了持续稳定的资金"活水源头"。《条例》还支持企业、其他社会力量通过捐赠、设立基金会等方式投入基础研究。同时还创设性地提出企业用于资助基础研究的捐赠支

出，对于符合条件的单位，可以按照规定参照公益捐赠享受有关优惠待遇。

二、完善有关发展现代制造业、现代服务业方面的立法

（一）深圳现代制造业、现代服务业的立法工作

深圳特区是中国服务业、制造业发展的"尖子生"，首先在制度建设层面，要积极推进新时代的经济特区立法工作，继续坚定不移地推行依法治国大方略。1992 年，七届全国人大常委会第二十六次会议授予深圳经济特区立法权。近 30 年来，深圳先行先试，为全国的立法工作提供了许多宝贵的经验。

（二）如何加强现代制造业、现代服务业的立法

未来，深圳至少要在两大方面加强立法。一方面是加强产业立法。当前社会上出现了许多新业态，如大数据、自动驾驶、共享经济平台等，需要加强相关产业立法，促进产业更好地发展。另一方面则是要加强对深圳经济发展起到支撑作用的基础性立法，比如 2020 年 8 月 26 日，深圳市刚刚通过的《深圳经济特区个人破产条例》，这是全国首部个人破产方面的法规，有利于进一步营造深圳勇于创业、大胆创新的文化氛围。

三、完善有关品牌建设和发展战略性新兴产业方面的立法

（一）深圳品牌建设和发展战略性新兴产业的立法

深圳于 2018 年 11 月正式实施《深圳市战略性新兴产业发展专项资金扶持政策》。深圳设立市战略性新兴产业发展专项资金，支持新一代数字经济、绿色低碳、信息技术、新材料、海洋经济、高端装备制造、生物医药等七大战略性新兴产业发展。这一政策的实施，可以进一步推动深圳战略性新兴产业发展，加快把深圳打造成为影响力、竞争力卓著的全球创新引领型城市，加快建设以创新为引领的现代化产业体系。

（二）品牌建设和发展战略性新兴产业的立法的完善

创新是第一驱动力。所以，深圳建设创新型现代产业体系，引领产业转型升级，促进战略性新兴产业集聚发展。发展战略性新兴产业的相关政策需要进一步上升为地方立法，建立健全金融和资本、平台和企业、技术和产业、制度和政策创新体系，以提高创新能力和效率。在支持科技团队创新创业方面，开展科技成果转化。深圳为了激发干事创业热情，须营造敢于创新的法治环境，在符合国家法律法规基本原则的前提下，开展战略性新兴产业、品牌建设等立法工作，采取有效措施，做好品牌建设和战略性新兴产业的法治创新改革实践。

四、完善有关科技成果、知识产权保护方面的立法

（一）深圳科技成果、知识产权保护方面的立法

为了在深圳打造全球最好的创新生态圈，我们须实行最严格的知识产权保护制度，完善有关科技成果，通过法制为知识产权保护做支撑，在立法、执法、司法及守法的各个环节都要贯彻最严格的知识产权保护。深圳在立法上不断借鉴国际标准，结合自身实践经验，充分利用经济特区立法权，实施最严格的知识产权保护，探索完善产权保护制度，这是提高管控能力和拥抱全球化智慧的具体体现。

（二）科技成果、知识产权保护立法的完善

2019 年 3 月 1 日，《深圳经济特区知识产权保护条例》正式施行，该《条例》于 2018 年 12 月 27 日深圳市第六届人大常委会第二十九次会议正式表决通过。2020 年 3 月 2 日上午，深圳市人大常委会召开《深圳经济特区知识产权保护条例》修改座谈会，正式启动这项法规的修订工作。备受各界关注的知识产权侵权惩罚性赔偿制度，为深圳创新驱动发展营造了更好的法治环境。2020 年 6 月 8 日，《深圳经济特区知识产权保护条例（修正案）》正式向社会公开征求意见。深圳将在全国率先建立惩罚性赔偿制度，大幅提高侵权法定赔偿额上限。

五、完善有关市场监管、商事制度改革方面的立法

（一）疫情下的深圳构建市场监管、商事制度法治改革

进入 2020 年以来，突如其来的疫情让传统的商事登记服务面临着前所未有的考验。在这场考验中，深圳市市场监管局把握大局、临危不乱、精准施策、快速反应，改革实施智能便捷的商事登记制度，从而将危机变成了机遇。

全球经济下行、疫情肆虐，给深圳的发展带来巨大压力和挑战，完善更高水平的商事制度、市场监管改革方面的法制已迫在眉睫。深圳市市场监管局继续紧跟时代发展潮流推进法制化建设，为商事制度、市场监管改革提供了法律保障。

（二）深圳市场监管、商事制度改革的立法完善

自 2020 年以来，深圳市先后出台了《深圳市开展"证照分离"改革全覆盖试点实施方案》与《深圳市优化开办企业便利化改革工作方案》，并正在进行《深圳经济特区商事登记若干规定》的修订，为深圳市市场监管、商事制度改革步入更高水平做好了铺垫。

六、经济高质量发展对行政执法改革的新要求

（一）数字赋能智助执法

深入推动深圳市综合执法改革，利用科技赋能，打造数字驾驶舱，内设违章停车板块，利用 AI 算法智能识别违章停车、无照经营、出店经营等违法行为，构建立体化、信息化、多元化的社会治理模式。优化执法方式，利用信息赋能，切实解决好群众身边问题，对于突发应急情况的防控和群众投诉的处理，能达到快速响应，提高居民生活质量和便利度，让群众有更多获得感。

（二）深化综合行政执法体制改革

统筹配置执法资源和行政执法职能，全面梳理、规范和精简行政强制、行政处罚事项，并实行清单化管理，建立动态调整机制。推动整合相近领域或同一领域执法队伍，实行综合设置。推进执法力量向基层和一线倾斜。合理划分市、区执法事权，市、区原则上只设一个执法层级。按照提高效率、整合队伍和减少层级的原则，合理配置执法力量，大幅减少执法队伍种类。继续完善文化市场、生态环境保护、市场监管、交通运输等领域综合执法。

七、破除经济高质量发展的司法障碍

（一）形成司法公开新格局

秉承"以公开促公正、以公开提公信"的定位，人民法院构建庭审活动公开、审判流程公开、执行信息公开、裁判文书公开等司法公开四大平台，实现了全面公开、主动公开，形成了全透明、全方位、全流程的司法公开新格局。

（二）重新组建市司法局

为贯彻落实全面依法治国基本方略，统筹法律事务管理、普法宣传、行政立法、行政执法，推动政府工作纳入法制化轨道，将深圳市政府法制办公室、市司法局、市政府法律顾问室的职责整合，重新组建市司法局。

（三）破解制约司法能力、影响司法公正的深层次问题

深圳改革体制机制，本着践行"以人民为中心"的发展思想，破解制约司法能力、影响司法公正的深层次问题，通过改革，不断提升人民群众的幸福感、获得感和安全感，努力实现兑现人民对美好生活的向往。

第五章
CHAPTER 5

文化质量建设的
法制保障

习近平总书记指出，坚定中国特色社会主义道路自信、理论自信、制度自信，说到底是要坚定文化自信，文化自信是更基本、更持久、更深沉的力量。党的十九大报告明确提出，坚定文化自信，推动社会主义文化繁荣兴盛。

做好文化领域的法制建设是全面推进依法治国的重要一项。2019 年 6 月 28 日，《文化产业促进法（草案征求意见稿）》面向社会征求意见。作为中国首部文化法，《文化产业促进法》将明确地方政府在促进地方文化基础设施建设方面的义务，以确保民众可以享受更好的公共文化服务。它表明了国家对文化产业价值的高度认可，宣示了国家对文化产业的重视程度，是国家促进文化产业发展方式的重大转变。它用法律的形式明示国家促进文化产业发展的基本立场，使相关制度及措施得以明确化、体系化，进而带动整个文化产业法规与政策规范的结构化、体系化，方便人民全面而系统地了解我国促进文化产业发展的法律制度。

2020 年以来，深圳市政府高度重视文化产业发展，致力于提升人民文化获得感和幸福感，将其纳入城市整体发展战略，并做出一系列重要部署，坚定文化自信、弘扬社会主义核心价值观，以出效益、出精品、出人才为核心，激发文化创造创新活力，创作生产和提供业态多样、种类丰富、品质优良、健康向上的文化产品和服务。

第一节
"文化质量建设"的基本内涵

一、深圳城市主流文化的特征

（一）创新

改革创新是深圳的魂魄和根基。文化创新的如椽大笔，书写着深圳文化的传奇。在推动深圳文化大发展大繁荣的基础上，创新意识深深根植于深圳这座城市的肌体和血脉之中，深圳特色的"创新型文化"，以创新为城市之魂，在文化创意生产上形成优势，在现代新价值的生产输出上保持领先，让创新成为深圳文化的生命力和活力之所在。深圳市委、市政府提出，要像重视经济体制改革那样，把文化体制改革作为"一把手工程"。历届市委、市政府一棒接好一棒，推动改革不断深入。

（二）智慧

书香，浸润人民心灵；知识，赋予深圳智慧。在知识经济时代，一个城市的知识水平和知识含量，不仅仅决定了这座城市所能达到的文化高度，还构成了其文明发展程度的一个标志。深圳大力弘扬知识和理性，致力于使城市人文气息更加浓郁，打造智慧型城市文化，学术文化更加繁荣，公共智库更加活跃，智慧产出能力不断增强。深圳打造一流文化品牌，实现市民文化权利。

（三）包容

深圳移民所带来的文化流动，带来了文化创造的多种可能。深圳是一个来源最广、最富于梦想的移民群落。其移民梦想能为新观念诞生提供土壤，移民之间文化碰撞、求新求变能为创新提供温床，移民的差异性特征为文化包容提供了空间。鲜活且多元的移民文化一定能够生长出好的创意、好的东西。

（四）力量

深圳秉承自强不息的发展理念，爱与文明增强城市凝聚力，"文化＋科技"提升城市竞争力。在深圳的发展过程中，精神力量至关重要。文明，融汇你我力量，让城市更具凝聚力。深圳以社会主义核心价值体系为根本，培育文明新风，引领多元移民文化，"以人为本、自强不息、宽容和谐、开放包容、知礼守法、追求文明"的城市人文精神深入人心。深圳，在文明创建道路上孜孜以求，创新、智慧、包容、力量的城市文化，正成为深圳主流文化发展的基本定位。

二、具备完善的以市民文化需求为导向的公共文化服务体系

2019 年国务院支持深圳建设中国特色社会主义先行示范区，深圳

要率先塑造城市文明典范，建设高质量、普惠性、可持续的城市公共
文化服务体系，让每个市民都能愉悦地感受、感知、参与公共文化建
设的成果。

（一）特色活动汇聚各类场馆

深圳以"文化立市"战略引领文化创新，拥有众多的特色文
化设施、丰富的公共文化服务、纷繁的文化展演活动，是"创客之
城""设计之都""钢琴之城"，是联合国授予的"全球全民阅读典范
城市"。截至 2019 年年底，深圳共有文化馆（站）71 个，公共美术
馆 12 个，公共图书馆 650 个，博物馆 52 个，24 小时自助图书馆服务
机 295 个，覆盖全市，多层次、全方位地为广大市民提供优质的文化
产品和服务。

（二）品牌文化活动精彩纷呈

2019 年，深圳共有 295 台自助图书馆服务机向市民免费开放，还
有众多特色书吧，比如西西弗书店、24 小时书吧、深圳尚书吧等，让
广大市民在阅读的同时，还可体会到深圳的公共文化服务的舒适与便
捷。2020 年，深圳的品牌文化活动同样精彩，分别有 3 月至 12 月的
"剧汇有戏"，4 月至 6 月的"来深青工文体节"，5 月的"中国（深
圳）文博会艺术节"，8 月至 11 月的"深圳粤剧周"，9 月至 11 月的
"鹏城金秋市民文化艺术节"，10 月至 11 月的"钢琴音乐节"，11 月
的"深圳读书月"，12 月的"创意十二月"及"我们走进艺术殿堂"，

每周日下午 3 点的"美丽星期天",每周一场的"周末剧场",每两年一届在 9 月举行的"深圳合唱节"。

三、拥有以国际先进城市为标杆的文化品牌体系

（一）用文化软实力彰显"城市文明典范"

文化是一座城市的灵魂,使城市充满着恒久魅力。城市的魅力往往取决于文化软实力。全球化时代,文化实力已成衡量深圳综合竞争力的一个重要指标。作为《深圳文化创新发展 2020（实施方案）》的重要项目,深圳自 2017 年率先在全国首发城市文化菜单,迄今已连续 3 年发布。每年有 30 多个大型文化品牌活动,"月月有主题,全年都精彩",增强了深圳市民文化生活的深度、广度、体验度。"世界色彩、中国风格、深圳口味"的文化菜单为这座正努力打造"城市文明典范"的城市,加快建设"区域文化中心城市和彰显国家文化软实力的现代文明之城"的青春都会,奏出美妙的乐章。

（二）对标国际标准打造文化品牌体系

在"2020 方案"实施过程中,文化影响力是看不见、摸不着的,但深圳要通过一件件看得见、摸得着的事,来彰显城市文化影响力。提升市民文化福利、提供优质文化服务,文化品牌缤纷夺目,文化菜单雅俗共赏。如今的深圳对标国际标准,正以一系列富有城市特色的

精彩的文化活动，构筑活力、时尚、蓬勃的品牌文化体系，让市民因文化而优雅从容，让城市因文化而多姿多彩，让人们对这座城市爱得更加深沉。可以预见，在不远的未来，深圳的文化品牌体系建设将会迎来更加绚丽的气象、更加繁荣的图景。

四、具有以媒体融合发展为标志的现代文化传播体系

深圳，这座 40 年造就的繁华城市，除了有赖于经济发展的真招实招，还得益于文化传播的"名片效应"，让国内外人们可从中一窥这座城市的全貌。2020 年 1 月 14 日，广东省省长马兴瑞在广东省第十三届人民代表大会第三次会议上作政府工作报告时指出："做大做强主流舆论，推进媒体融合向纵深发展，建立全媒体传播体系，建设全国一流的新型主流媒体群。"深圳作为先行示范区，媒体融合也要走在全国的前列。

（一）深化改革创新活力

构建以媒体融合发展为标志的现代文化传播体系是深圳实现"主流媒体转型发展，传媒综合实力显著提升"必须要走的一条突围之路；也是《深圳文化创新发展 2020（实施方案）》提出的"五大体系"之一。

在深圳市委、市政府的重视和支持下，经过多年探索，优化体

制机制，深圳文化传媒产业取得瞩目成就。据国家新闻出版署发布的 2018 年度国内报刊出版集团经济规模综合评价排名显示，深圳报业集团在国内城市报刊出版集团中位列第三，在全国 47 家报刊出版集团中位列第七。深圳出版集团实现经营业绩连续五年保持增长态势。深圳卫视更是创下成立 15 年以来最好成绩，晚间黄金时段收视率进入全国 32 家省级卫视前 8 名。深圳广电集团广播频率本地市场份额稳居第一。

（二）从"相加"迈向"相融"

在互联网时代，电视、报纸等主流舆论阵地逐渐边缘化，这是全球传统媒体都在面临着的困境。面对新技术、新媒体的强烈冲击，如果只靠将传统媒体与新兴媒体简单相加是远远不够的。

为了营造深圳开放自信、改革创新的良好形象，在互联网平台上唱响深圳主流声音，深圳国有文化集团以创新变革，打通"报网端微屏"，推动资源向移动端、新媒体倾斜；推进"全程媒体、全息媒体、全员媒体、全效媒体"的全媒体深度融合；同时借力 5G 等新技术，构建传播新格局。

2020 年深圳报业集团形成了以读特、深圳新闻网、深圳特区报、读创领衔，"纸媒＋网站＋客户端＋官微＋自媒体＋代运营"全覆盖的融媒体矩阵，"读特"客户端用户数突破 1000 万，全媒体用户数（含粉丝数）达 1.1 亿。

（三）国际化城市形象受瞩目

作为《深圳文化创新发展 2020（实施方案）》首个完成项目，"Eye Shenzhen"在外文版政府网站中海外流量排名第一，获评"2018 年度最具影响力外文版政府网站"。

2019 年，深圳加强与联合国教科文组织、创意城市网络、联合国人居署等的交流合作，分别在德国、瑞士等五个国家举办"深圳国际文化周"活动，拓展活动的国际覆盖面，并参与举办粤港澳大湾区文化艺术节、国际博物馆高级别论坛等重大文化交流活动；全面实施"航线工程"，在深航、南航、国航往返深圳的全部航班上均可看到深圳城市宣传片。

在改革开放的进程中，深圳一步步创造出了现代化、城市化、工业化发展的奇迹，与之相伴的城市文化也在这个过程中日趋繁荣。而深圳构建媒体融合这一文化传播新格局，让其美誉闻名全国乃至世界。

第二节
文化质量建设的法律制度框架

一、法律制度对文化产业的调整、扶持与引导作用

（一）法律制度调节文化产业行为规范，是文化产业发展的制度保证。

文化法在传统的法律分类中并不是一个独立的法律分支，我们所说的文化法是指以宪法为核心，横跨刑法、社会法、民商法、行政法等多领域多层次的调整文化关系的法律规范的总称。文化立法可以分为三类：

第一类为文化管理法，规范文化行政行为，如处罚、审查、登记等行为，目的是确定政府行使文化管理职能的责任和权力。

第二类为行为法，其目的是确定文化生产和消费的基本经济关系。

第三类为公共文化事务法，为社会提供参与公共文化事务所需要的条件和环境，包括法律保障和各种优惠政策等，目的是确定国家在发展公共文化事业方面的责任。

在民事法律中有关著作权保护的规定是重要的文化法律规范。民商法中关于义务和行为的规定，市场主体权利、市场主体资格的一般性规定，为文化产品的交换和生产奠定了法律基础。社会法对于保障文化从业者的权利，具有十分重要的作用。

（二）《文化产业促进法（草案征求意见稿）》的发布、要求及功能

2019 年 6 月 28 日，文化和旅游部做出了一个大动作——发布了《文化产业促进法（草案征求意见稿）》，公开征求社会各界的意见，这一针对文化产业的"强心剂"，迅速引起了人们的关注与热议。

作为国家扶持文化产业发展的"促进法"，这次草案内容聚焦了"促进什么""怎么促进"两个发展的核心问题，确立在文化市场、文化企业、创作生产三个环节发力，在金融财税、科技、人才等方面提供扶持保障。

在《文化产业促进法》法律正式出台后，文化产业不仅将填补在法律上的空白，而且能强化法律对文化产业发展的引导、激励、促进、调整、扶持功能，满足促进文化产业发展的客观需要，深圳市相关部门将依照本法及相关法律法规和部门职责负责本领域文化产业促进工作。相信在这部重要法律的支持下，深圳的文化产业势必会再次迎来发展的新阶段。

二、《深圳市文化产业促进条例》解读

（一）《深圳市文化产业促进条例》的颁布及实施

本《条例》于 2008 年 7 月 22 日，深圳市第四届人民代表大会常务委员会第二十次会议通过，2008 年 9 月 26 日广东省第十一届人民代表大会常务委员会第五次会议批准，2009 年 1 月 1 日起施行。后根据 2019 年 4 月 24 日深圳市第六届人民代表大会常务委员会第三十三次会议通过并经 2019 年 7 月 25 日广东省第十三届人民代表大会常务委员会第十三次会议批准的《关于修改〈深圳市制定法规条例〉等十三项法规的决定》修正。

（二）《深圳市文化产业促进条例》的目的及内容

深圳制定本《条例》目的是深入实施"文化立市"战略，健全完善文化产业发展的保障和促进机制，增强文化软实力，加快文化产业发展步伐，实现文化产业更快更好发展。其内容共分为 6 章 28 条，包括创业发展扶持、出口扶持、人才培养等。它着力加强对深圳文化产业发展方向的引导，把保障国家意识形态和文化安全作为贯穿本法的"红线"，并在资金、人才培养、引进等方面做出了制度性安排。

（三）打造国家级创意产业园区和支持文化企业上市

从《条例》中我们可以解读，深圳将大力扶持文化产业园区和基地的建设，支持建立以企业为主导、市场化运作的文化产业园区

和基地，引导中介机构和文化企业进入文化产业园区和基地。需要强调的是，深圳将着力打造国家级创意产业园区，积极吸引中介组织、知名文化企业和研究培训机构把总部或者采购、制造、研发、财务中心设在园区。

深圳在文化产业发展上鼓励出口。赴境外开展戏剧、音乐等商业演出及商业展览将大受鼓励。同时，深圳也对文化企业和境外合作充满期待，鼓励和支持文化企业与国际著名机构合作，利用境外合作者的资金、技术和营销渠道，生产制作科技含量高的文化产品和服务，开展国际营销。

三、深圳有关文化创意、信息技术方面的法律法规述评

（一）《关于进一步明确歌舞娱乐场所"清无"疏导政策的意见》

为有力地配合全市"清无"工作，根据有关法律、法规的规定，结合深圳市实际情况，在征求各区文化行政管理部门意见的基础上，深圳市文化局制定了《关于进一步明确歌舞娱乐场所"清无"疏导政策的意见》。要疏导工作中遇到的新情况、新问题，及时沟通协商解决；要加强对新批准场所经营者的政策法规宣传教育工作，加大对新审批经营场所的检查密度和强度；要坚持依法行政、严格审批、公正公平、廉洁从政，切实防止徇私舞弊、弄虚作假，坚决杜绝权钱交

易、以权谋私。此《意见》对于疏导文化产业、规范歌舞娱乐场所、配合全市"清无"工作有重要的意义。

（二）《关于促进旅游演艺发展的指导意见》

为着力推进旅游演艺市场主体转型升级、提质增效，充分发挥旅游演艺作为文化和旅游融合发展重要载体的作用，2019 年年底，文化和旅游部印发《关于促进旅游演艺发展的指导意见》的通知，《意见》提出，推进业态模式创新，鼓励发展特色类、主题性、中小型、定制类旅游演艺项目，形成多元化、多层次供给体系。《意见》的根本目的是实现旅游演艺市场繁荣有序，从而形成一批竞争力强、信誉度高、规范运营的经营主体，对旅游演艺事业的法规完善、文化与旅游融合起到重要作用。

（三）《网络游戏消费者权益保护规范》

2020 年 3 月 13 日，深圳市消费者委员会发布全国首个《网络游戏消费者权益保护规范》标准。近些年，网络游戏成为互联网行业的热门领域，随之而来的消费者权益保护问题备受社会关注。为推动网络游戏行业规范建设工作，进一步保护网络游戏消费者的合法权益，深圳市消委会联合 18 家单位共同研究制定国内首个专门针对网络游戏消费者权益保护的团体标准——《网络游戏消费者权益保护规范》，通过标准实施加强网络游戏行业在消费者权益保护方面的规范性。新规保障了消费者的求偿权、公平交易权、安全权、知情权，更明确规定了消费和退费内容。它旨在通过规范网络游戏经营单位的产品和服务标准，从而构建良好的网络文化氛围，推动网络游戏产业健康发展。

四、深圳有关科技创新与文化产业的法律政策解读

（一）《深圳市海外创新中心认定与评价办法》

为了进一步推进深圳市海外创新中心的发展，深圳市科技创新委员会组织制定《深圳市海外创新中心认定与评价办法》，于 2018 年 12 月 20 日发布实施。其内容包括：（1）对海外创新中心实行事后资助原则；（2）对海外创新中心实行"认定"机制；（3）对海外创新中心实行"评价"方式。《办法》推进了深圳海外创新中心的发展，加快了深圳建设国际化、现代化、创新型城市的步伐。

（二）《深圳市深港澳科技计划项目管理办法》

深圳市科技创新委于 2020 年 7 月 28 日印发了《深圳市深港澳科技计划项目管理办法》。该《办法》共二十条，包括项目定义、支持范围、项目类别、资金预算、申请条件、申请指南和项目征集、申请材料、项目受理、专家评审、审核下达、签订合同、资产及知识产权归属、资金跨境使用及税务事项、拨款程序、中期评估、项目审计、项目结题、结余资金处理等内容。《办法》聚焦了支持方向，

深港澳科技计划项目重点面向关键技术开发、成果产业化和应用基础研究方面。

（三）《深圳市基础研究项目管理办法》

2020年6月4日，深圳科技创新委员会梳理优化了基础研究项目的管理框架，制定了《深圳市基础研究项目管理办法》。

其主要内容包括：

（1）主体资格：申报方式、资助方式、实施周期、限项要求、资助强度、资金拨付等。

（2）项目类别：基础研究项目类型包括面上项目和重点项目。

（3）实施原则：遵循"目标明确、公平公开、评审择优、规范实施"的原则。

此《办法》结合深圳市的历年实际情况，对加强基础研究，夯实深圳科技创新实力提出了许多前瞻性部署。

五、文化质量建设应有之法律制度框架

（一）加快推进公共文化服务保障法立法进程

《中华人民共和国公共文化服务保障法》于2017年3月1日起正式实施，它是继非物质文化遗产法、著作权法、文物保护法颁布实施和电影产业促进法出台以后，文化领域的又一部重要的基础性法律。

为深入贯彻《公共文化服务保障法》，深圳市文体旅游局提出了几点措施：一是加快推进图书馆调剂书库、美术馆新馆、文化馆新馆建设，进一步完善文化设施网络等；二是举办丰富多彩的文化艺术活动；三是夯实公共文化服务基础，推进落实市、区、街道、社区四级公共文化服务标准；四是加快建设基层综合性文化服务中心；五是完善全市文化馆总分馆制，指导各区建立文化馆总分馆制。

（二）尽快完善文化法律法规体系

深圳市文化立法工作需要加快推进。建议进一步加快完善相关法律法规的修订进程，推动法律法规的制定，争取成熟一个，推出一个；同时指导和鼓励地方性公共文化服务立法，为国家立法工作做出实践性探索。

第三节
构建具有深圳特色的文化质量建设法制体系

一、完善经济特区立法，为文化产业高质量发展保驾护航

（一）知识产权保护相关法律制度的完善

保护知识产权就是保护城市的科技大脑，使科技有良好的创新环境。深圳市委、市政府高度重视知识产权工作，把知识产权保护作为立法的重点工作来抓。一流的科技创新需要一流的知识产权保护法律，深圳从助力粤港澳大湾区建设、打造一流营商环境的高度，加快建设国家知识产权强市，努力为建设知识产权强国做出积极探索。

2020年6月8日，《深圳经济特区知识产权保护条例（修正案）》正式向社会公开征求意见。深圳将在全国率先建立惩罚性赔偿制度，大幅提高侵权法定赔偿额上限。《条例》拟规定，故意侵犯知识产权情节严重的，由人民法院依照法律规定的幅度确定惩罚性赔偿数额。惩罚性赔偿制度就是要破解我国知识产权"维权成本高、侵权成本低"的困局。对那些因侵权成本低，而多次侵权、故意实施侵权的行为"下重手"。同时，改革实施快速审理机制，破解诉讼"周期长"的难题。

（二）地方特色文化、品牌促进与保护的特别立法

地方特色文化立法的关键是体现地方特色，这不仅是地方文化立法存在的基础，也是衡量地方文化立法质量的主要标准。所以，我们必须本着注重保障公民文化权利、凸显深圳地方文化特色等原则正确行使地方立法权，为深圳文化产业的发展提供有力保障。深圳地方文化立法具有两大显见的现实意义：一是有利于进一步发展和挖掘深圳地方文化特色，促进文化繁荣发展，保障文化多元；二是为制定国家层面文化领域相关的"基本法"奠定基础、提供经验。

当下，深圳经济已由高速增长阶段转向高质量发展阶段，正处在优化经济结构、转变发展方式、转换增长动力的攻关期，建设现代化经济体系是跨越关口的迫切要求和深圳发展的战略目标。推动高质量发展作为当前和今后一个时期制定经济发展政策与发展思路、实施宏观调控的根本要求，我们必须全面领会、深刻认识、真正落实。而品牌建设与保护又是经济高质量发展的重要途径，而作为市场经济公平环境的塑造者，政府又是品牌保护的强大后盾，对于那些扰乱市场秩序的品牌破坏者，司法作为公正的裁判，法律应该发挥应有的作用。只有促进品牌和立法保护，百年老店才会长盛不衰，深圳的世界品牌才会越来越多。

（三）粤港澳文化产业融合发展的法制保护

当下的粤港澳大湾区是中国经济发展最快的区域，其中，珠三角地区重点打造现代服务业和先进制造业，而港澳则以第三产业为

支柱产业。

2020 年，区域内产业布局逐步优化、经济融合愈加成熟，各类文化活动较为活跃，为区域文化产业融合发展打下良好基础。

粤港澳大湾区的城市文化产业发展程度明显呈现分梯队现象，亟须注入新活力。当前粤港澳大湾区各个城市的文化产业发展具有各自独特的优势，加快培育和引进创意人才与创新人才，优化资源配置结构，打通生产要素流通通道，深化区域内合作，健全版权保护与知识产权法律法规等，是将来推动城市区域文化产业发展的不二选择。

2015 年，广东省先后出台《广东省人民政府关于加快科技创新的若干政策意见》和《广东省深入实施知识产权战略推动创新驱动发展行动计划》等政策措施，明确将广东建设成为知识产权先行省的目标，这为粤港澳大湾区创新发展奠定了坚实的基础。港澳地区在知识产权保护方面的法律法规相对系统与完善，尤其是香港的产权保护处于国际先进水平，对珠三角地区乃至全国都有重要的借鉴意义。

二、文化行政执法的改革与创新

2018 年 12 月中共中央办公厅、国务院办公厅印发《关于深化文化市场综合行政执法改革的指导意见》的通知（中办发〔2018〕59号）。该《意见》指出，《关于进一步深化文化市场综合执法改革的意见》（中办发〔2016〕20 号）自印发以来，各地区各部门认真落实中央要求，扎实推进文化市场综合行政执法改革，取得了明显成效和积极进展。深化行政执法体制改革，将旅游市场执法队伍和职责整合划入文化市场综合执法队伍，统一行使电影、广播电视、文物、文化、出版、旅游市场行政执法职责，是党的十九届三中全会部署的重要任务，对于建设现代文化市场体系具有重要意义。进一步推动深化文化市场综合行政执法改革，为贯彻落实《中共中央关于深化党和国家机构改革的决定》和《深化党和国家机构改革方案》部署要求，提出指导意见。

（一）文化行政执法的重点任务

（1）完善文化市场综合执法管理体制机制。进一步统一指导深圳市文化市场管理和综合执法工作，推动文化领域跨行业、跨部门综合执法，协调有关行政部门完善考核体系，对综合执法工作进行绩效考核，研究协调文化市场综合执法中的重要问题。

（2）明确综合执法适用范围。文化市场综合执法机构的职能主要包括：查处艺术品经营及进出口、演出、文物保护和文物经营等活动中的违法行为；查处展览展播、文化艺术经营活动中的违法行为；查处互联网上网服务营业场所、娱乐场所的违法行为等。

（二）提升文化行政综合执法能力

（1）落实文化市场"双随机一公开"巡查制度。按照公开透明、公正高效、依法监管和协同推进的原则，落实文化市场"双随机一公开"巡查制度，建立符合深圳市文化市场特点的随机抽查与日常巡查有机结合的工作机制。

（2）加强文化市场信用监管。建立健全行业经营自律公约、自律规范和职业道德准则，引导行业健康发展。落实市场主体守法经营的主体责任，推行文化市场经营主体分类分级管理，指导其加强事前防范、事中监管和事后处理工作。

（3）加强综合执法队伍建设。严格实行执法人员持证上岗制度，未经执法资格考试合格，不得授予执法资格，不得颁发执法证件，不得从事执法活动。

（4）加强综合执法信息化建设。运用信息技术对执法和许可流程进行在线监察、实时监控，强化内外监督，提升文化市场管理和综合执法效能。加强文化综合执法信息化建设，探索和推广视频监控、移动执法、在线监测、电子案卷等手段，加强非现场监管执法。

（5）完善综合执法制度机制。建立健全文化市场行政执法业务工作制度、协调协作制度、绩效考评制度、岗位责任制度、信息通报制度，严格执行文化市场综合执法权力清单制度和行政裁量权基准制度，建立完善线索通报、案件移交、案件督办、举报办理、联合执法、应急处置、文化市场行政执法和刑事司法衔接等各项制度和工作流程，提高文化市场综合执法工作制度化规范化水平。

（三）文化行政执法的保障措施

（1）强化督导考核。推动各级党委和政府履职尽责，加强文化市场综合执法工作考核，将文化市场综合执法工作纳入社会治安综合治理成效评价体系。

（2）健全保障机制。建立健全文化市场综合执法装备、经费、人员等保障机制。

（3）加强组织领导。各级党委和政府要高度重视，推进文化市场综合执法体制改革，要把深化文化市场综合执法改革作为落实意识形态工作责任制的重要内容，加强文化市场执法工作。将深化文化市场综合执法改革工作列入重要议事日程，确保改革各项措施落实到位。

（4）加强统筹协调。各级政府和市直相关部门要通过改革，加强文化市场综合执法工作，推进体制机制创新，加强文化市场行政执法改革与综合执法改革有效衔接。要加强综合协调、统筹谋划，确保各项改革措施落实到位。

三、文化产业发展的司法保护

我们要以习近平新时代中国特色社会主义思想为指导，深入贯彻落实党的十九大和十九届二中、三中、四中全会精神，对照深圳市政府关于文化产业发展的总体要求，充分发挥知识产权司法保护主导作用，积极推动文化产业创新发展，不断加大知识产权司法保护力度，努力营造法治化的文化创新环境，为推进文化产业持续发展、繁荣兴盛提供有效保障。

（一）依法履行审判职责，维护文化产业营商环境公平稳定

1. 坚持比例协调，实现利益平衡

一是合理确定知识产权的保护强度和保护范围，使之与知识产权的创新和贡献程度相协调，实现推动产业发展与保护知识产权和谐统一。二是统筹兼顾激励创新和保护权利，综合考虑产业发展需要、保护需求、被诉行为正当性等因素，维护产业创新发展，合理确定保护边界。三是依法合理平衡社会公共利益、知识产权人权益及其他权利人合法权益，既要防止权利人过度维权、滥用权利，又要依法保护权利人的合法权益，确保各利益相关方利益平衡和均衡发展。

2. 坚持严格保护，严惩侵权假冒

一是积极运用临时措施制度，提高知识产权司法救济的便利性、及时性，完善严格保护知识产权的司法机制。二是严格执行法律，努力以实现市场价值为指引，严厉打击知识产权侵权行为，依法加大损害赔偿力度，使侵权人付出足够的侵权代价，给权利人提供司法救济。三是发挥知识产权刑事司法职能作用，维护文化创意产业创新秩序，严惩知识产权刑事犯罪。

3. 坚持司法主导，明确法律指引

一是发挥司法在知识产权行政保护和刑事保护领域的主导作用，强化知识产权司法保护的全面性，构建公正而高效、运行科学、资源优化的知识产权综合审判体系，为文化创意企业提供系统有效、全方位的保护。二是充分发挥司法裁判的规则指引作用，强化知识产权司

法保护的导向性，通过案件裁判明晰法律标准，积极稳妥保护新模式、新产业发展壮大，激励文化创意产业创新发展。

4. 坚持平等保护，保障合法权益

一是平等保护不同所有制经济主体的合法权益，促进非公有制经济和公有制经济公开公平公正参与市场竞争、同等受到法律保护，营造规则平等、机会平等、权利平等的市场环境。二是依法践行国民待遇原则，平等保护不同国别当事人之间知识产权的合法权益，切实保障中外当事人在知识产权诉讼中享有平等的程序权利和实体权利。

（二）强化司法职能作用，推动文化产业营商环境优化完善

1. 强化协同联动，健全社会共治模式

加强文化创意品牌保护，促进提升社会管理水平，针对审判实践中发现的突出问题，主动向企事业单位、行政机关发送司法建议，共同营造法治营商环境。加强与行业协会、行政机关的交流协作，共同构建知识产权大保护工作格局。

2. 对接产业需求，开展行业调研走访

聚焦行业发展动态，紧扣文化产业发展对知识产权保护的现实需求，了解企业的知识产权保护关切，坚持问计于企、问需于企、问难于企，进一步发挥审判职能，为企业营造优质的法治化营商环境。

3. 坚持体制机制创新，推动知识产权快速维权和纠纷多元化解

前海坚持创新体制机制，成立了负责知识产权仲裁调解的华南高

科技和知识产权仲裁中心、受理一般知识产权一审案件的前海法院、市中级人民法院深圳知识产权法庭、两家知识产权司法鉴定机构，还进驻了多家知识产权高端服务机构和代理所。

前海推进综合行政执法体制改革试点工作，统筹行政执法与司法保护的衔接，依托自贸片区综合行政执法局，探索在自贸区前海蛇口片区建立集中统一的知识产权行政执法体系，集中处理商标、专利、版权以及多种知识产权交叉的纠纷案件。利用综合行政执法局执法信息系统，加强知识产权案件信息共享和执法互动。

4. 加强知识产权智力支撑

加强知识产权智库建设，打造知识产权交流与合作的区域性高端平台。利用智库研究成果为企业"走出去"提供战略指导。依托最高人民法院在前海设立的中国港澳台和外国法律查明研究中心、最高人民法院港澳台和外国法律查明研究基地、最高人民法院港澳台和外国法律查明基地，进一步建立和完善知识产权领域外国法律查明机制。

（三）推进审判改革创新，加大文化产业营商环境保障力度

1. 推广网络远程审判模式

结合文化创意产业知识产权案件涉及网络纠纷多以及外地当事人多的特征，通过互联网组织网络勘验、开庭审理、举行庭前会议以及诉前调解。在流程控制、设备搭建和运行管理等方面已应用得较为成熟，取得了较好的社会效果。在审理流程和进程、音视频信号质量、

远程审理等方面都达到了与通常面对面口审方式相当的效果。在防控新型冠状病毒性肺炎疫情期间，全面适用互联网远程审理知识产权案件，确保庭审安全有序进行，维护和保障了当事人的合法权益。

2. 优化多元纠纷解决机制

通过改革实施多元化纠纷解决机制，一定程度上满足群众多元解纷需求，是创新社会治理的重要举措，已逐渐成为国家社会治理的有效抓手，深圳法院在深化多元化改革方面进行了很多有益的探索。2019年11月7日，深圳市中级人民法院发布《深圳法院深化多元化纠纷解决机制改革白皮书》。《白皮书》显示，深圳法院借助社会合力，充分发挥司法的推动、引领和保障作用，将大量纠纷导入诉前调解，共计引入234家特邀调解组织，并实现了民商事案件一审、二审的全流程调解覆盖。2018年1月1日至2019年10月31日，全市法院导入调解案件310577件，调解成功38660件，各区法院共审查司法确认案件18525件，一年半时间累积化解诉讼纠纷57185宗。

3. 秉承现代化家事审判理念，走创新型、科学化道路

随着深圳社会经济的快速发展，宝安区人口众多且构成复杂，人员跨地区流动总量迅速增加，原有的社会结构和关系都发生了巨大变化，与之对应的家事纠纷也随之而来。家事案件不同于普通的财产性纠纷案件，它关注的是人身属性，跟人的情感相关联，因此处理起来比较棘手。如果处理不好，往往会引发很多深层次的矛盾，有些情感纠纷甚至发展成为一些极端的刑事案件。

宝安区人民法院自 2012 年就在广东省率先成立全省首家家事审判庭，从转变司法理念切入，还原家事纠纷公益性、社会性、基础性特质，为妥善解决家事纠纷提供长效、积极的方法。2016 年 4 月，宝安区人民法院被最高人民法院确定为深圳法院系统唯一一家"家事审判方式和工作机制改革试点法院"，从此家事审判改革进入新阶段。2014 年，宝安法院创新家事审判改革入选深圳 2013 年度"十大政法创新"；2016 年宝安法院家事审判庭荣获"2015 年度深圳市社会治安综合治理先进单位"荣誉称号；2017 年，时任宝安法院家事审判庭庭长洪胜元荣获"2016 年度全国妇联先进个人"荣誉称号。

4. 深化"三合一"审判机制

深圳两级法院受理的知识产权案件通过实施民事和行政、知识产权刑事案件审判"三合一"改革，已形成了独具特色的"深圳模式"，其数量之多居全国前列。

据介绍，深圳法院实施知识产权审判"三合一"改革至今已有 9 年多的时间，现在已形成了具有自身特色的"深圳模式"，实现各类知识产权案件在知识产权审判部门所有法官中随机分配。

深圳法院通过深圳中级人民法院审判长对口业务指导机制、两级法院知识产权审判工作碰头会、两级法院知识产权审判长联席会议、典型案例上报制度等方式构建全市法院审判动态长效沟通机制，全面、及时地分析审判工作运行态势，掌握辖区内各类知识产权案件数据和信息，加强类型化标准化裁判研究，统一案件裁判尺度。同时，深圳市中级人民法院知识产权审判庭从工作实际出发，不断完善工作机制，维护裁判标准的统一，制定出台了一批审判工作规范和指导性意见，为发挥知识产权司法保护的主导作用奠定了制度基础。

第六章
CHAPTER 6

社会发展质量的

法制保障

　　法者，治之端也。法治既是全面建成小康社会的根本保障和制度动力，又是全面建成小康社会的重要目标和内容，全面建成小康社会离不开优质的服务环境、稳定的社会环境、安全的政治环境、公正的法治环境。面对国内外形势的复杂变化，人民群众在安全、环境、公平、正义、民主、法治等方面有着新期待，我们面对的矛盾风险挑战之多前所未有，面对的改革发展稳定任务之重前所未有。

　　习近平总书记强调："既要有防范风险的先手，也要有应对和化解风险挑战的高招；既要打好防范和抵御风险的有准备之战，也要打好化险为夷、转危为机的战略主动战。"善于运用法治方式和法治思维防范化解社会风险，从而将风险消解于未然，将矛盾化解于无形，就要从立法、执法、司法、守法各环节发力，全面提高依法应对风险挑战的能力，做到越是吃劲的时候越要坚持法治、越是复杂局面越要坚守法治，着力为防范化解重大风险提供法律依据、确保执法有效。

　　我国正处于实现中华民族伟大复兴关键时期，当今世界正面临百年未有之大变局。法治是加快推动深圳高质量发展的基础要件，是党领导人民治国理政的基本方式。我们要全面加快建设社会主义法治国家，推进依法治国，推进社会经济高质量发展，提供更可持续、更加公平公正的法制保障。

　　深圳市需要更好地发挥法治对经济社会发展的保障和规范作用，进一步深化全面依法治国实践，创造优质的服务环境、稳定的社会环境、安全的政治环境、公正的法治环境，让人民群众有获得感、幸福感、安全感。

第一节
"社会质量"的深圳解读

一、高质量的社会公共服务水平

公共服务质量管理强调的是提升公共部门服务人员的质量意识，完善质量控制体系，树立行业服务标准，最大限度地提高民众的满意度，再造公共服务流程，从而实现社会效益的总体增加。

提升公共服务质量的重要举措是公共服务的供给侧改革，它主要包括三个方面的内容：一是公共服务质量保障机制的完善；二是政府部门职能的转变；三是供给主体的多元化。

习近平总书记在中央城市工作会议中指出，"抓城市工作，一定要抓住城市管理和服务这个重点，不断完善城市管理和服务，彻底改变粗放型管理方式，让人民群众在城市生活得更方便、更舒心、更美好"。深圳作为全国首个质量强市示范城市，始终把公共服务质量作为"深圳质量"建设的重要环节，中共深圳市委六届五次全会将2017年确定为"城市质量提升年"，深圳市六届人大常委会第十六次会议通过了《深圳经济特区质量条例》，提出了增强深圳市生态质量、社会质量、文化质量、经济质量、政府服务质量、城市建设管理质量的目标与要求，体现出了通过优化公共资源供给来构建城市未来竞争优势的远见卓识。

（一）公共服务质量建设是城市治理改革的重要内容

所谓公共服务质量，可以理解为政府等公共部门所提供的公共服务满足民众的期望与需求的程度。政府的天然使命是为民众提供高质量的公共产品和服务。从比较成熟的国际经验来看，一个城市社会的和谐、经济的发展、人民生活质量的提高都和当地政府提供优质的公共服务的能力高度正相关。高质量的公共服务不仅仅能提升城市居民的生活品质，还会形成资本、人才的虹吸效应，进而确保当地社会和经济的持续发展。

（二）公共服务质量建设的价值面向

党的十八届三中全会强调，要"实现发展成果更多更公平惠及全体人民"，这其实已经概括了城市公共服务质量建设的价值面向和主要目标。"更多"强调的是公共服务的效率和规模，"更公平"强调的是公共服务的均衡性，"惠及全体人民"强调的则是公共服务的便利性和普惠性。

（三）以供给侧改革推动城市公共服务质量的全面提升

改革创新是深圳的根，是深圳的魂。深圳公共服务质量的提升必须依靠改革创新来推进供需结构的调整，有效增加公共服务的供给，矫正要素配置的扭曲，更好地满足广大人民群众的需要。公共服务的供给侧改革无疑是提升公共服务质量的重要法宝，改革主要包括三个方面的内容：一是公共服务质量保障机制的完善；二是供给主体的多元化；三是政府部门职能的转变。

二、高质量的教育、医疗水平

（一）高质量的教育水平

2020 年年初，深圳市政府致力于一系列民生实事运作，并以清单的形式展示。在这些民生实事中，教育领域位于最前列。2020 年以来，深圳统筹公民办学位安排，不断加大基础教育学位建设，并通过改建、扩建、新建、扩班、扩容等方式，新增公办义务教育学位 4.6 万个以上，全市义务教育学位供需总体平衡。

1. 高水平大学建设连获重要突破

2020 年，深圳高等教育好事连连：3 月 25 日，天津大学佐治亚理工深圳学院获教育部批准设立；作为光明科学城的重点规划项目之一，中山大学深圳校区在紧锣密鼓地建设后，已经投入使用；南方科技大学、深圳大学等高校连续上榜国际国内权威的大学排行榜单且综合排名迅速攀升。深圳抢抓一流大学和一流学科建设机遇，扩大规模与提升质量并重，通过引进办学与自办高校并举，加快集聚国内外优质资源，高等教育步入快速发展车道，实现弯道超车。全市现有高校 15 所，全日制在校学生 11.32 万人，专任教师 6999 人，专任教师中博士学历的占 66%。深圳努力构建国际化开放式创新型高等教育体系，为建设中国特色社会主义先行示范区提供强有力的文化引领、人才保障、智力支持、科技支撑。

2. 2020 年新增公办义务教育学位 4.6 万个以上

面对就学压力逐年增加之势，深圳市委、市政府未雨绸缪，高度重视，不断加大基础教育学位建设。根据市政府民生实事和重点工作任务要求，2020 年度全市将新改扩建公办中小学 32 所，新增公办中小学学位 4.6 万个以上。截至 2020 年 7 月，30 所新改扩建义务教育学校，大部分已经进入工程收尾阶段，正在稳步推进当中，确保 2020 年 9 月顺利开学。

3. 2020 年年底实现公办园在园儿童占比 50%

幼儿园学位方面，自 2016 年国家全面开放二孩政策实施以来，深圳适龄儿童入园人数于近年达到高峰，幼儿园学位需求也随之激增。2020 年全市报名接受学前教育的儿童约 24 万人，较去年增长 12.9%。面对幼儿园报名儿童大幅增加，市、区教育局也通过新建、改扩建、扩班挖潜等多种措施，积极解决学前教育学位供需矛盾。2020 年全市新建幼儿园 76 所，新增学位 2.4 万个，总体能满足需求。

（二）高质量的医疗水平

1. 通过创新型医保为市民减负

在基本医疗保障领域，深圳创立以健康为导向的创新型医保制度，设立深圳市重特大疾病补充医疗保险。在这一保险保障下，深圳人特药保障覆盖 13 种，住院保障不限病种。截至 2020 年 4 月，深圳受益人数超 7.1 万人，重疾险累计赔付 8.88 亿元，大大减轻了困难群众、大病患者的医疗负担。

2. 吸引高水平医学人才团队

深圳市省级以上医学重点学科达到 80 个，有 12 个学科跻身全国前 50 强。深圳市采取柔性引才的方式，引进了 245 个高水平医学团队，5 家医院入选广东省高水平医院创建单位，通过团队引进和名院合作，一大批前沿医疗技术纷纷落地。

3. 构建"新型医联体"的设想

随着我国老龄化程度的加深，深圳的老年人也需要享受高质量的日常医疗服务，这就需要优质医疗资源的不断下沉。这些年，科技界、互联网界人士提出了一些新的构想，如构建"新型医联体"，为新医改提供了新思路。通过技术手段，家庭医生将其触角真正伸入到每个家庭之中。全国政协委员、搜狗 CEO 王小川曾提案建立"新型医联体"，通过数字技术将优质资源广泛贯通至患者末端，打通医疗惠民"最后一公里"，大幅提升医疗效率和准确率，提供"核心大医院 + 基层小医院 + 数字家庭医生"三级供给模式，让每个深圳家庭都有家庭医生，促进医疗普惠全民。但这些想法还没有真正落实，从想法到现实，深圳还有很长的路要走。

三、高质量的市民生活及较高的居民收入水平

（一）2020 年深圳居民最低生活保障标准提高

为进一步保障和改善民生，提高深圳市低收入居民的基本生活水平，根据《广东省民政厅关于印发 2020 年全省城乡低保最低标准的通知》（粤民发〔2020〕18 号，下称《通知》）要求，经深圳市政府同意，从 2020 年 1 月 1 日起，深圳市将全市居民最低生活保障标准从每人每月 1160 元提高至每人每月 1250 元。

根据《深圳市人民政府关于印发深圳市低收入居民社会救助暂行办法的通知》（深府〔2010〕72 号）和《深圳市特困人员供养实施办法》（深府办规〔2018〕3 号）的相关规定，特困人员基本生活供养金标准相应提高至每人每月 2000 元，低收入居民社会救助认定标准相应提高至每人每月 1875 元。

2020 年 1 月 1 日起至今纳入深圳市低保救助范围的困难群众，按实际低保月份计补最低生活保障标准差额，低保补差水平按照《通知》的要求执行一类标准。

（二）2020 年上半年深圳居民可支配收入小幅增长

国家统计局深圳调查队深圳住户收支与生活状况调查数据显示，2020 年上半年，深圳居民人均可支配收入 32774 元，较 2019 年同期增加 437 元，名义增长 1.4%，增幅与一季度持平；扣除价格因素实际下降 2.7%，降幅较一季度收窄 1.2%。

按收入来源分，组成可支配收入的四大项收入中：人均财产净收入 4110 元，同比增长 3.8%；人均工资性收入 26513 元，同比增长 1.7%；人均经营净收入 3537 元，同比下降 10.8%；人均转移净收入 -1386 元，增加 264 元，同比增长 16.0%。2020 年上半年，深圳居民人均生活消费支出 19050 元，较 2019 年同期下降 12.8%，减少 2799 元，降幅较一季度收窄 2.2%；扣除价格因素实际下降 16.3%，降幅较一季度收窄 3.1%。

（三）民生实事勾勒出深圳人的幸福生活

深圳市政府想在实处、干在实处，始终坚持"以人民为中心"，让一大批民生实事、惠民举措落地生根。民生无小事，我们看得见的是成绩，看不见的是付出。让市民充满幸福感、获得感的民生答卷背后，是深圳市委、市政府聚焦市民最忧心、最烦心、最关心的问题，千方百计谋发展，是深圳市干部群众众志成城凝聚起来的强大合力。只要把市民的冷暖安危放在心头，即使再大的阻力也能有办法破局，因为有中国共产党的坚强领导，有强力攻坚的巨大合力。

四、完善的食品药品安全治理体系

（一）树立食品安全监管治理的新思维

食品安全工程是切实保障人民群众身心健康的民生工程。深圳市委、市政府深入学习贯彻党的十九大精神，落实党政同责，激发全民参与，提出要突出科技引领和改革创新，高标准、严要求推进创建工作，全面提升综合治理能力和食品安全保障水平，创建国家食品安全示范城市，打造市民满意的食品安全城市。全力全面开展"餐饮业巡查公示"试点工作，不仅拓宽了食品抽检范围，还将过去单项、单向"检查"变为全覆盖、全方位、持续性的"巡查"，将全体市民以及第三方机构引入食品安全监管体系中，将以食品安全监管治理的新思维打造食品安全监管社会共治的"深圳样板"。

（二）坚守食品药品安全底线

2018 年 8 月 22 日上午，深圳市政府党组书记、市长陈如桂先后主持召开市政府党组（扩大）会议和市政府常务会议，对如何加强深圳疫苗等食品药品安全监管工作做出具体部署。会议强调，要深入学习贯彻习近平总书记重要指示精神，落实李克强总理批示要求，坚守食品药品安全底线，深入践行以人民为中心的发展思想，全力保障人民群众的切身利益，维护社会安全稳定大局。会议要求各区各部门要提高站位、提高认识，把人民群众身体健康放在首位，切实保证市民群众的食品药品安全。要落实最严厉的处罚、最严格的监管、最严谨的标准、最严肃的问责，坚持目标导向和问题导向并重并举，迅速开展食品药品安全大排查、大整治专项工作。要落实好政府的监管责任，实现齐抓共管，编织全方位共同参与的食品药品安全监督网。通过抓整改、找漏洞、补短板、强监管，建立健全食品药品监管长效机制，坚决守牢安全底线。

（三）打造食品药品安全全覆盖、全链条、全方位治理体系

深圳市实施最严的食品安全战略，深化食品药品安全监管体制改革，构建食品药品安全风险防控体系，建立权威统一高效的食品药品安全监管体系，高标准、高起点推进民生工程建设，全面提升食品药品安全治理能力。贯彻落实中央加强食品安全"最严谨的标准、最严格的监管、最严厉的处罚、最严肃的问责"工作要求，推进食品药品安全社会共治，突出企业主体责任，打造食品药品安全"深圳标准"，不断提升市民对食品药品安全的满意度，着力将深圳打造成为国家食品安全城市、全国食品药品质量安全高地。

深圳市结合本市食品药品监管体制机制不够完善的实际，提出了加强食品药品安全综合协调、完善食品药品安全标准体系、积极探索监管机制创新、健全食品药品监管法制体系、进一步理顺食品药品监管体制机制、构建多部门齐抓共管格局和强化食品药品监管区域合作等七项具体任务。食品药品监管体制机制的理顺主要是围绕"加快完善统一权威的监管体制和制度"这一总体目标，对深圳市食品药品监管体制进行改革深化。强化食品药品安全绩效考核，推动落实辖区政府对食品药品安全负总责。进一步整合技术资源和监管队伍，加强专业监管能力建设，整合监管职能和机构，健全基层管理体系。研

究制定基层机构食品药品监管基础配置标准，推进落实"四有两责"（"四有"指基层监管有人、有岗、有责、有手段，"两责"指监督抽验责任、日常监管）。

五、住房、社保、养老等制度创新

（一）住房制度创新

一是持续提升公共住房品质，促进住房领域高质量发展。在促进住房总量供需平衡的同时，持续提升居住品质，积极改变"保障房就是低端房"的既有观念。突出产城融合和职住平衡的理念，优化公共住房的规划布局，坚持高标准规划，按照"同步规划、同步建设、同步交付"的原则，完善周边的医疗、教育、交通、社区服务等配套设施；坚持高水平建设，全面推广装配式建筑、绿色建筑技术，实现公共住房的绿色低碳发展；坚持高品质设计，提升公共住房建设标准，细化户型面积和户内装饰装修设计指引，通过举办公共住房户型研究设计竞赛等活动，提升户型设计水平。

二是快速增加住房总量，多主体、多渠道建设筹集公共住房。探索六类（十五种）建设筹集渠道，明确八大供应主体，持续开展大规模建房行动，加快解决市民住房问题。至2019年，已建设筹集人才住房、保障性住房35.34万套，供应16.98万套，2020年计划建设筹集8.1万套、供应约3.2万套。在"十三五"期间，深圳市人才住房、保障性住房建设筹集总量和供应总量分别是"十二五"的 2.4 倍、1.8 倍。

三是激发人才创业创新活力，继续加大人才安居工作力度。党的十八大、十九大以来，深圳相继出台关于人才住房的系列文件，发放人才安居货币补贴，不断提升城市对人才的吸引力，以"租、售、补"结合方式让越来越多人才安居乐业，助力营商环境改善。将住房保障从户籍低收入家庭，扩大到人才群体，持续改善人才居住条件，着力解决人才住房困难，解决人才对住房的后顾之忧。

（二）社保制度创新

在深圳市社保局"同城通办"要求和改革部署下，构建更加科学高效的社保业务经办模式，突破原有区分行政区域办理社保业务的局限，为参保人提供更加方便可及的服务。

一是实现征收与社会保险关系（下文简称"征关"）业务整合通办。在硬件配套、人员培训、权限放开、流程梳理基础上，福田社保分局于 2017 年正式将原来分离的个人征关业务、单位征关业务以及对应的窗口进行整合，统一开设 14 个"基金征收社会保险关系"窗口，实现各类征关窗口业务"一窗式"受理，无差别取号，使服务更为扁平化。

二是深化互联网＋应用，线上线下融合互动。深圳市社保局配置社保自助服务终端，打造触手可及的自助服务网络。利用信息化和互联网技术手段，努力把服务搬上手机、搬上网、搬上自助机，让参保人少跑腿、数据多跑路。推广邮政代办服务，实现足不出户就可以办社保。

三是推行定制化服务，适应个性化服务需求。引领社保服务改革，率先试点开展社会保险志愿服务，在深圳社会保险事业的经办服务和政务服务中引入志愿服务，促使志愿服务事业和社会保险事业融合。

（三）养老制度创新

深圳市委、市政府一直高度重视养老服务，2020年7月印发了《深圳市构建高水平"1336"养老服务体系实施方案（2020—2025年）》，提出到2025年，全面形成与中国特色社会主义先行示范区经济社会发展水平相协调、与人口老龄化进程相适应的养老服务体系。深圳养老制度创新主要有以下多个方面。

（1）以扶持为策，激发社会活力，建设多元化养老服务供给体系。一是要加大财政扶持力度，鼓励社会资本进入养老服务领域；二是要推动养老服务"放管服"改革，优化养老服务营商环境，多部门联合出台养老服务扶持政策措施清单。

（2）以效能为上，创新体制机制，深化公办养老机构改革。深圳市南山、福田等区级养老机构已相继推行政府和社会资本合作PPP模式改革。2018年年底，坚持公益性服务方向，在托底保障功能不变的前提下，市养老护理院以新型事业单位模式成立，建立以理事会为核心的政府主导、基金会参与、专业指导、社会运营的现代法人治理机构，有效推动了公办养老机构社会化改革。

（3）强化顶层设计，以决定为纲，高起点构建"老有颐养"政策体系。《深圳市人民代表大会常务委员会关于构建高水平养老服务体系的决定》为深圳市养老服务发展做出原则性、方向性、长远性的制度安排，形成了以《决定》为纲领、"1336"养老服务体系实施方案等为基础、养老服务业"十三五"等中长期规划为核心的养老服务政策体系。

（4）推动医养融合，以医疗为基，打造健康养老新模式。推进医养设施临近规划设置，简化医养结合机构设立流程，推动各级医疗机构和各类养老机构建立协议合作关系，提供多层次、多样化的医养结合服务；努力提高老年人的健康水平，探索长期照护制度，促进健康老龄化。

六、先进的社会治理体制

（一）建立城市安全和风险控制体系，保障城市安全发展和运转

构建社会治安多元共治格局，建立现代化社会治安综合治理体系。逐步形成现代化城市安全和风险防控体系，建立多元共治的城市安全和风险防控格局。建立安全生产风险防范和监管机制。着手建立系统性的"城中村"安全和风险防范体系。完善网络风险综合治理体系、食品药品安全监管体系等。做好城市运行安全保障工作，探索建立符合深圳特色的城市运行安全保障体系。

（二）灵活运用经济特区立法权，实现深圳的依法治理

深圳法制建设具有鲜明的时代特征，深圳坚持立法紧扣改革的方针，在前海设立了我国第一家法定机构——前海管理局。全市推行商事制度改革后，法制办出台若干监管办法，加大监督落实。同时，交通管理立法、消防立法、信访工作纳入法制轨道、辅警立法、人才制度改革、医患纠纷仲裁机制改革、劳动人事仲裁办案制度改革、出台《市民文明行为促进条例》等，都遵循了法治促进发展、立法服务改革的创新思路。

（三）建立现代社会组织体制，探索积极的社会组织发展模式

进一步探索社会组织的国际化发展路径。加大对社区社会组织的扶持力度。创新性实施一揽子社会组织改革。同时引导各类社会组织健康发展，全面制定社会治理类社会组织培育发展实施方案。率先开展群团机关机构职能调整和所属事业单位改革等工作。不断创新社会组织监管方式，建立经济特区联合监管机制，推进实行等级评估制度、信息公开制度，完善社会组织退出制度，等等。积极推动群团组织改革，夯实群团工作基层基础。

（四）创新基层社会治理模式，强化城市社区建设

构建立体的基层社会治理网格化体系，推动全市各区基层管理体制改革，进一步深化"织网工程"建设。培育数据基层治理文化，全面推进智慧型基层社会治理信息化。考虑进行全局层面的基层社

会治理统一规划和部署，积极探索建立起与中国特色社会主义先行
示范区相匹配的现代社区治理结构，以创新思维编制《社会治理行
动计划》。

第二节
社会发展质量相关立法分析

一、促进和保障就业、创业方面的法律法规

（一）《深圳市进一步稳定和促进就业若干政策措施》

《深圳市进一步稳定和促进就业若干政策措施》自 2020 年 4 月 15 日起实施。此前深圳市有关规定与本措施不一致的，以本措施为准。其内容包括：做实就业创业服务，提升劳动者技能技术水平，开发就业岗位，支持企业稳定岗位，完善就业失业监测研判机制，促进劳动者多渠道就业。

本措施全面落实党中央、国务院和广东省委、省政府关于统筹做好经济社会发展与新冠肺炎疫情防控工作的决策部署，细化实化政策措施，以更大力度实施好就业优先政策，确保深圳市就业大局稳定和经济社会持续健康发展，结合深圳实际，多措并举促进各类群体就业。

（二）《深圳市创业项目管理办法》

为鼓励各类机构在深圳市组织创客交流活动，支持深圳市创业企业和创业团队参加相关创新创业大赛，营造良好的创新创业氛围，深圳市科技创新委员会根据《深圳市科技计划管理改革方案》

（深府〔2019〕1号）、《深圳市科技计划项目管理办法》（深科技创新规〔2019〕1号）和《深圳市科技研发资金管理办法》（深科技创新规〔2019〕2号）等规定，制定了《深圳市创业项目管理办法》。本《办法》共五章，二十一条，包括：创客交流活动项目定义，创客交流活动项目资助强度，项目类别，创业资助项目定义，创业资助项目资助强度。

本《办法》加强失信惩戒，简化资助程序，注重市区联动，申请单位如果使用虚假申报材料或其他不正当手段套取、骗取专项资金的，一经查实，必须实行依法追回全部资助资金及滋生利息等惩处措施。

（三）《深圳市创业担保贷款实施办法》

为贯彻落实普惠金融政策，进一步发挥创业带动就业倍增效应，切实解决小微企业与初创企业融资贵、融资难问题，结合深圳实际，深圳市人力资源和社会保障局制定了《深圳市创业担保贷款实施办法》。本《办法》自2020年6月5日起施行，有效期5年。本《办法》主要内容包括：适用对象、办理流程、贴息标准、额度和期限等。

2020年深圳市正在抓紧时间推进经办银行以及担保机构公开招标工作，在新的经办银行开展业务前，根据规定原有经办银行（深圳市农村商业银行）可继续按原合作协议执行至约定期满。因此，对于上述个人借款人，可前往农商行各网点咨询或申请创业担保贷款，对于小微企业借款人，需待担保机构公开招标确定后方可正式申请。本办法是深圳市大力支持大众创业、万众创新，为做好新形势下深圳创业就业工作所做出的重要举措。

二、促进教育、医疗事业发展的法律法规

（一）《深圳市民办中小学设置标准》

为了更好地打造和深圳城市发展相匹配的现代教育，促进深圳市民办中小学优质、特色发展，深圳市教育局根据国家、省、市民办教育相关法律法规和中小学规划建设标准，结合深圳市实际情况，参照公办学校设置标准，制定本《标准》，本《标准》自 2020 年 5 月 19 日实行。

其内容主要包括：提高了教师的学历条件，增加了学校的名称须与学校类别、办学层次相适应的内容，对举办者及其法定代表人的国籍、信用状况、定居地等有要求，学校最小占地面积要求调整为以生均占地面积取代等。

本《标准》的设置遵循有特色、高水平原则，参照公办学校标准，结合国家的新要求和深圳市实际情况，从人员条件和配置、教育教学设备设施、校舍建设等多方面做出规定，对促进深圳市民办中小学办学条件的改善，提升民办中小学的办学质量发挥了重要作用。

（二）《深圳经济特区医疗条例》

《深圳经济特区医疗条例》经深圳市第六届人大常务委员会第十次会议于 2016 年 8 月 25 日通过并公布，自 2017 年 1 月 1 日起施行。2019 年 4 月 26 日，《深圳市人民代表大会常务委员会关于修改〈深圳经济特区医疗条例〉等二十七项法规的决定》经深圳市第六届人民代表大会常务委员会第三十三次会议于 2019 年 4 月 24 日通过，并予公布。

本《条例》的内容包括：建立医疗机构主体资格登记制度，营业执照、执业许可证"同名"；二、三级医院可适当限制接诊，推进分级诊疗制度建设；明确医疗机构为公共场所，严禁"医闹""倒号""医托""医赖"；取消医疗机构设置许可（筹建审批），鼓励社会办医；强化政府保基本的责任，坚持基本医疗服务公益性；向患者公开全部病历，保障患者知情权等。对维护医疗秩序，规范医疗执业行为，保障医患双方的合法权益，促进深圳医疗卫生事业健康发展，具有重大的现实意义。

三、社会保障体系相关法律法规

（一）《广东省城乡居民基本养老保险实施办法》

《广东省城乡居民社会养老保险实施办法》是为维护城乡居民参加社会养老保险和享受社会养老保险待遇的合法权益，进一步规范和发展广东省城乡居民社会养老保险制度，结合广东省实际来制定。该文件由广东省人民政府于 2013 年 9 月 16 日印发，自 2013 年 11 月 1 日起实施。2014 年修订并更名为《广东省城乡居民基本养老保险实施办法》。2019 年 12 月重新修订，自 2020 年 1 月 1 日起实施。

新修订的实施办法政策在以下方面进行了调整完善：一是调整个人缴费档次标准；二是政府为困难群体代缴养老保险费；三是建立基础养老金正常调整机制；四是建立缴费补贴调整机制；五是完善待遇确定机制。

深圳市大力推动城乡居民基本养老保险制度建设，基本实现制度和人群全覆盖，养老金逐年提高，在促进社会和谐稳定、调节收入分配、保障老年居民基本生活等方面发挥了积极作用。

（二）《深圳经济特区失业保险若干规定》

本《规定》于 2012 年 6 月 28 日深圳市第五届人民代表大会常务委员会第十六次会议通过，根据 2015 年 10 月 29 日深圳市第六届人民代表大会常务委员会第三次会议《关于修改〈深圳经济特区失业保险若干规定〉的决定》第一次修正，根据 2019 年 10 月 31 日深圳市第六届人民代表大会常务委员会第三十六次会议《关于修改〈深圳经济特区人体器官捐献移植条例〉等四十五项法规的决定》第二次修正。

本《规定》内容共分有十五条，对失业人员享受的失业保险待遇、失业保险基金、失业保险费的缴费标准、用人单位都做了明确的规定，对于保障深圳职工失业期间的基本生活，促进失业人员再就业起到了积极的作用。

（三）《深圳经济特区欠薪保障条例》

《深圳经济特区欠薪保障条例》于 1996 年 10 月 29 日深圳市第二届人民代表大会常务委员会第十一次会议通过，2008 年 4 月 1 日深圳市第四届人民代表大会常务委员会第十八次会议修订，根据 2019 年 4 月 24 日深圳市第六届人民代表大会常务委员会第三十三次会议《深圳市人民代表大会常务委员会关于修改〈深圳经济特区医疗条例〉等二十七项法规的决定》修正。

本《条例》共分为七章三十四条，对欠薪垫付、垫付欠薪追偿、欠薪保障机构、欠薪保障基金、法律责任等都做了详细阐述，对保障深圳经济特区劳动者的合法权益、维护社会稳定、促进社会和谐具有重大意义。

四、食品药品安全治理体系相关法律法规

（一）《深圳经济特区食品安全监督条例》

2018 年 1 月，《深圳经济特区食品安全监督条例》经深圳市第六届人民代表大会常务委员会第二十二次会议审议通过，予以公布，于 2018 年 5 月 1 日起施行。《条例》对政府监督、社会监督、食品生产经营者自我监督等方面内容做了明确规定。可以说，本《条例》标志着深圳食品安全领域的"深圳标准"的诞生。

《条例》打造食品安全的深圳标准，明确了深圳市可结合实际，

在过程控制、食品质量、营养健康等方面组织制定严于国家标准或者广东省标准的深圳标准，企业达不到声明标准可能会受罚，食品抽查不合格情况将即时公布。本《条例》一经发布，对于处于食品供应链中的企业而言，可谓释放了一个信号，相关食品行业企业应当重视食品安全合规，抓住机遇，学会控制风险，努力成为符合深圳标准的企业。

（二）《深圳市食品经营许可实施办法（试行）》

《深圳市食品经营许可实施办法（试行）》经深圳市市场和质量监督管理委员会审议通过，于 2016 年 3 月 16 日印发实施。本《办法》共计十四条，明确了办理对象及处罚标准，办理对象为餐饮服务经营者、食品销售经营者、食品经营者、单位食堂，若无证经营一经查处至少罚款 5 万元；有效期更长，原食品流通、餐饮服务许可证有效期未届满的继续有效，有效期内需要换食品经营许可证的则需提前 30天办理，同时原食品流通、餐饮服务许可证将被注销，食品经营许可证有效期为 5 年，等等。此《办法》对深圳食品安全治理和经营者的合法运营起到规范作用。

（三）《国家食品药品监督管理总局关于修改〈药品经营质量管理规范〉的决定》

《药品经营质量管理规范》于 2000 年 4 月 30 日以（原）国家药品监督管理局局令第 20 号公布，2012 年 11 月 6 日（原）卫生部部务会议第 1 次修订，2015 年 5 月 18 日国家食品药品监督管理总局局务会议第 2 次修订，根据 2016 年 6 月 30 日国家食品药品监督管理总局局务会议通过，2016 年 7 月 13 日国家食品药品监督管理总局令第 28 号公布的《国家食品药品监督管理总局关于修改〈药品经营质量管理规范〉的决定》修正。

该《规范》分总则、药品批发的质量管理、药品零售的质量管理、附则 4 章 184 条，自发布之日起施行。医药产业逐渐迈向合规化，《规范》对规范药品经营行为，加强药品经营质量管理，保障消费者用药安全具有重大意义。

第三节
构建具有深圳特色的社会质量法制保障体系

一、创新社会治理法治体系

（一）加强党建和民主法制建设，共同打造社会治理现代化体系

发挥好深圳各级党组织的核心作用，形成严密的党建基层治理组织构架。探索构建以社区党委（党总支）为主要构成、街道党工委为"龙头"、片区网格党支部和小区（楼栋）网格党小组为重要支撑的党组织体系。不断促进社会主义民主政治建设与社会治理创新良性互动。积极发挥经济特区优势，打造全域"服务型、功能型、智慧型"党组织，以"党建＋"助推社会治理现代化。发挥法治在社会治理中的规范和引领作用。更加尊重人民群众的主体地位。同时，加快研究制定符合深圳实际的法律法规和社会治理体系。系统考虑和推进城市综合治理、社会组织培育与管理等领域相关制度建设和法律法规，在全国率先走出一条社会治理法治全覆盖的路子。

（二）建立城市安全和风险控制体系，保障城市安全运转和发展

建立社会治安多元化共治的格局，构建现代化社会治安综合治理

体系。探索安全保障体系，强化城市运行安全保障，使之符合深圳城市特质要求。逐步建立现代化城市安全和风险防控体系，形成多元共治的城市安全和风险防控格局。注重防范智慧城市建设中的风险。着手建立系统性的"城中村"安全和风险防范体系。推进城市应急体系现代化建设，探索应急管理法治化，推进应急管理体制创新，促进应急管理全过程标准化。建立安全生产风险防范和监管机制。完善网络风险综合治理体系、食品药品安全监管体系。探索完善隐私保护机制和数据产权，强化网络信息安全保障。构建统一的社会信用平台，强化社会信用体系建设。继续在信用立法上率先突破，在若干基础领域和关键环节上进行突破。

（三）搭建智慧管控体系框架，建成法治现代化智慧管控平台

深圳市宝安区委政法委自 2019 年以来，以法治为基础，将社会治理现代化放到全局工作"一体化"中来谋划，以提升"实时泛在、有效管理"水平为着力点，紧紧依靠现代化指挥调度体系、"块数据"试点的先发优势和网格化智慧管理，围绕基层社会治理三大重点领域，搭建具有宝安特色的"1+3+3+1"社会治理现代化智慧管控体系框架，高效建成宝安社会治理现代化智慧管控平台。

三大"智治"基础平台，将人工采集与创新技术手段相结合，全面汇聚各类社会治理基础信息，为开展社会治理精细化、法治化管理和主动服务提供数据支撑。三大智慧化应用体系，围绕重点事件的联动化解、重点服务对象的管理服务、重点区域的立体防控，把智能化

建设和法制建设有机结合，实现"绩效网上考核、部门网上联动、工作网上留痕、信息网上共享、应急全网响应"。

2020 年 7 月，由宝安区委政法委所推荐的"宝安区构建社会治理现代化智慧管控平台"获评深圳市 2019 年度"十大法治事件"之一，宝安区为深圳法治城市建设提供了鲜明的智慧化、现代化"宝安样板"。

二、为教育、医疗体制改革完善地方立法

（一）教育体制改革的立法与完善

深圳市委、市政府坚持依法治教，全面贯彻国家教育法律法规，充分利用特区立法权，加强教育改革发展重点领域立法，在推动学前教育公益普惠发展、鼓励社会力量办学、加强教育投入和规划用地保障等方面，率先进行地方教育立法。现在已有《深圳市民办教育若干规定》《深圳市学前教育管理暂行办法》《南方科技大学管理暂行办法》《深圳经济特区教育督导条例》《深圳经济特区成人教育管理条例》等一系列法律法规。将教育标准建设纳入深圳标准体系，完善学校办学管理、教学质量、资源配置、规划建设等系列标准，先后制定《深圳市普通高中学校设备设施配置标准（试行）》《深圳市中小学"智慧校园"建设与应用标准指引（试行）》《深圳市义务教育学校设备设施配置标准》等一系列标准性文件，形成具有深圳特色的教育标准体系。

（二）医疗体制改革的立法与完善

深圳市医疗保障局在深圳市委、市政府的正确领导下，认真学习贯彻习近平新时代中国特色社会主义思想，严格按照《法治政府建设实施纲要（2015 — 2020 年）》及相关要求，完善深圳医疗体制改革的立法工作。

（1）启动《深圳市社会医疗保险办法》修订工作。《深圳市社会医疗保险办法》从 2014 年起实施已有 6 年时间，其中有一些内容和人民群众医疗保障需求以及国家医疗卫生体制改革的相关要求不相适应，为了进一步完善深圳市一体化、多层次医疗保障制度体系，增强制度公平性，深圳市医疗保障局一成立就梳理上级的要求，成立专项工作小组，启动了《深圳市社会医疗保险办法》修订工作，明确了主要的政策修改点，并列入深圳市政府 2020 年立法工作计划，作为当年完成类项目。

（2）认真开展机构改革相关规范性文件的专项清理工作。按照深圳市司法部门关于规范性文件"立、改、废、释"的要求，对深圳市医疗保障行政规范性文件开展评估清理，先后对原职权单位发布实施的 36 件规范性文件进行清理，区分不同情形、不同类型对规范性文件提出拟修改、保留、废止的清理意见。实行规范性文件目录文本信息化、动态化管理，定期调整并向社会公布。

三、完善有关社会公共服务方面的立法

社会公共服务立法 2020 年计划围绕《中共中央　国务院关于支持深圳建设中国特色社会主义先行示范区的意见》所提出的五大战略定位确定立法项目。

（一）在加强生态环境保护方面的立法

聚焦打造碧水蓝天的生态空间、舒适宜居的生活空间、安全高效的生产空间，拟制定或修改建筑节能条例、建筑废弃物减排与利用条例、排水条例、市容和环境卫生条例、大气污染防治条例、生态环境保护条例等。

（二）在推进治理能力与治理体系方面的立法

聚焦政府自身建设、社会稳定、公共安全等方面，提出制定或者修改多元化纠纷解决机制条例、安全生产监督管理条例等；为平衡劳资关系，对劳动合同法的部分规定进行突破，立法计划提出拟抓紧修改和谐劳动关系促进条例。

（三）在其他社会公共服务方面的立法

一是立法计划还将新型研发机构条例、企业技术秘密保护条例和外商投资促进保护条例等 55 个立法项目作为调研论证项目，待条件成熟时列入计划；二是在推进城市文明典范建设方面，拟制定或修改

公园条例、无障碍环境建设条例、学前教育条例、文物和历史遗存保护条例、公共图书馆条例等。

四、完善社会救助、社会保障、专项救助等方面的立法

（一）完善社会救助方面的立法

《中华人民共和国社会救助法（草案征求意见稿）》2020 年 9 月 7 日全文公布，公开征求社会各界意见。《救助法》明确提出，国家拟建立突发公共事件困难群众救助机制以及未就业社会救助对象不得无理由拒绝合适工作等内容。

《救助法》明确社会救助对象包括：临时遇困家庭或者人员、受灾人员、低保家庭、生活无着的流浪乞讨人员、特困人员、支出型贫困家庭、低收入家庭、省区市确定的其他特殊困难家庭或人员以及需要急救但身份不明或无力支付费用的人员。

该文件的内容包括：加强最低生活保障，就业救助与失业保险、最低工资等制度衔接，鼓励和引导就业救助对象主动就业创业等；国家对低收入家庭中有劳动能力并处于失业状态的成员、最低生活保障家庭，通过鼓励企业吸纳、公益性岗位安置、鼓励自主创业和自谋职业等途径，实施就业救助。

（二）完善社会保障和专项救助方面的立法

在打造民生幸福标杆方面，深圳聚焦构建可持续的社会保障体系和优质均衡的公共服务体系建设，拟通过制定或修改社会医疗保险办法、居民最低生活保障办法、养老服务条例、社会养老保险条例等，在专项救助立法上，制定深圳市特困人员供养实施办法、劳务工重大疾病医疗资助标准等，不断增强市民群众的幸福感、获得感、安全感。

五、完善城市安全发展方面的立法

（一）《深圳市安全管理条例》颁布及修正

《深圳市安全管理条例》于 2009 年 1 月 21 日深圳市第四届人民代表大会常务委员会第二十五次会议通过，2009 年 3 月 31 日广东省第十一届人民代表大会常务委员会第十次会议批准，根据 2019 年 10 月 31 日深圳市第六届人民代表大会常务委员会第三十六次会议通过并经 2020 年 6 月 23 日广东省第十三届人民代表大会常务委员会第二十一次会议批准的《关于修改〈深圳市安全管理条例〉等十三项法规的决定》修正。

深圳经济特区建立以来，社会、经济发展取得显著成就，法制建设日渐完善。《深圳市安全管理条例》对政府履行安全监管职能、应急救援、公共安全管理、生产经营单位落实安全生产主体责任等方面进行了相关法律法规规范及细化，自施行以来，对于加强深圳市安全生产监管，预防和减少生产安全事故，保障人民群众生命财产安全，发挥了一定作用。

（二）深圳安全发展立法研究及编制调研

为加快推进城市安全发展地方立法进程和化工行业安全发展规划编制工作，深圳市安委办会同应急管理部研究中心于 2020 年 9 月 22 日至 25 日，开展《深圳经济特区城市安全发展条例》立法研究和《深圳市化工行业安全发展规划》编制调研工作。调研组分别前往市发展和改革委、市生态环境局、市规划和自然资源局、市工业和信息化局、市交通运输局、市消防救援支队、市应急管理局、市城管和综合执法局、市住房和建设局、市市场监管局、市公安局治安支队等单位，就深圳市企业安全生产和突发事故应急救援、城市安全发展等工作进行充分交流，收集汇总各类资料，听取各单位意见，为《深圳经济特区城市安全发展条例》立法及《深圳市化工行业安全发展规划》编制工作打下基础。

六、建立和完善多元化纠纷处理机制，保障群众合法权益

社会纠纷解决机制的完备和成熟是国家治理能力与治理体系现代化的基本要求。由诉讼与非诉讼机制共同构成的多元化纠纷解决体系，是依法治国的重要制度架构。深入推进多元化纠纷解决机制改

革，是维护社会和谐稳定、促进社会公平正义的必然要求，是实现国家治理能力与治理体系现代化的重要内容，是实现司法公正、司法为民的重要举措。

（一）以"政府＋市场"方式应对解纷资源缺失困境

首先，应以党政为主导，加大对解纷资源建设的引导作用。其次，发挥市场在资源配置中的作用，建立较强的专业性解纷组织。从世界各国调解事业的发展趋势来看，调解服务越来越产业化和市场化，调解组织除了有政府资助以外，很多采用市场化运作的方式经营，根据案件类型提供有偿服务。这种市场化运作模式可保持其长远的竞争力与发展活力，促使调解组织健康发展。

（二）通过顶层设计立法应注意的问题

在顶层设计方面，根据"国家制定发展战略、司法发挥引领作用、推动国家立法进程"的工作思路，从宏观层面通过完善相关立法来统筹规划。一是立法要向社会明示告知程序与优先选择程序。二是处理好多元化纠纷解决机制下各部门之间衔接不畅等问题。三是解决自行和解、人民调解、仲裁等非诉讼解决方式的定位与适用范围模糊，互补性较差，功能重叠、交叉，以及非诉讼与诉讼解纷机制功能失衡等问题。四是充分发挥司法在多元化纠纷解决机制建设中的推动、引领和保障作用。

（三）《深圳经济特区纠纷多元化解促进条例》立法研讨会

2020 年 4 月 29 日，《深圳经济特区纠纷多元化解促进条例》立法研讨会在龙岗区法院召开。研讨会旨在征集多方意见，凝聚智慧，形成共识，研讨立法的重点难点问题，进一步完善《条例》征求意见稿。深圳市委政法委法治处等部门参会代表也分别从不同的角度，对《条例》征求意见稿发表了看法。制定《条例》要聚焦现实中的重点、难点和焦点问题，加大制度层面设计，敢于突破，勇于创新，要从便利群众、高效规范的角度出发研制意见稿，同时强化沟通协作，大力畅通渠道，推动多部门的有效衔接。

城市建设管理质量的法制保障

　　法治化即强化依法治理，我们要善于运用法治方式、法治思维来解决深圳城市建设管理质量问题。当前，深圳城市建设管理中仍然存在法制不健全、执法不够严的问题。因此我们要完善法规，抓紧填补城市建设管理领域的立法空白，及时修订不符合高质量发展要求的法规规章。我们要从严执法，树立法律的权威，强化多部门联合执法，形成工作合力；用足用好法律资源，重点加强综合执法和城市建设管理的衔接，切实做到执法必严，违法必究。

　　加强法制保障、坚持依法治市是深圳城市建设管理高质量的必然要求。我们要健全城市建设管理依法决策体制机制，切实履行决策法定程序，坚决杜绝随意决策，杜绝急功近利、劳民伤财的政绩工程；公正文明执法；创新城市执法理念，坚持管理与服务并重、处置与疏导结合，实现法律效果与社会效果的统一。

第一节
城市建设管理质量的基本内涵

一、城市建设管理质量的含义与意义

（一）城市建设管理质量的含义

城市建设管理质量随着我国社会经济的发展，而显得越来越重要。面对全新的时代，高品质高质量推进城市建设管理各项工作，进而切实体现出城市在革新以及建设之中的意义，其中的关键事项就是要提高城市建设质量的管理工作。

（二）城市建设管理质量的意义

城市建设质量决定了城市的功能完善程度、管理效率和服务水平、环境优美度和人与自然和谐程度，进而决定了城市形象，在城市建设管理过程中，正确处理好城市建设与城市化进程的关系，成为城市化健康发展的保障。

（三）城市建设管理质量的内容

1. 完善城市的公共服务设施

针对城市公共服务设施建设，我国的目标是在 2020 年之前，基本完成我国城镇的城中村改造、危房改造以及棚户区改造，积极地改善我国城镇居民的居住环境，进一步提高我国城镇居民的生活水平。除此之外，我国政府还应该加强完善我国城市的公共交通体系，更好地完善我国的公共服务设施环境，完善社区级交通设施和区级交通设施之间的衔接性。

2. 提高城市的建筑水平

我国政府为了更好地提高城市的建筑水平，需要完善现有的质量监督条例、建筑安全条例等等，从而更好地保证我国建筑的质量，提高我国城市建筑在建设中的安全性。

3. 塑造城市的特色风貌

在进行城市化建设过程中，各地区要善于塑造出属于自己城市的特色风貌，在自身城市景观风貌的基础上，加强建设突出地域特征、民族特色的建筑。

4. 加强营造城市的宜居环境

在城市化建设的过程中，如果过度地追求速度，必然会导致城市的环境越来越差，所以，我们要提高我国城市生活质量，提高我国城市建设的水平，营造宜居的生活环境。例如加强对我国城市水资源的循环利用能力，加强对我国城市内涝的排水设施建设。

5. 加强城市的规划工作

我们在进行城市建设的时候，一定要做好我国城市的规划工作，在遵守我国相关法律法规的前提下，对我国城市的规划进行编制和审批。另外，为了更好地保证我国城市建设过程中的合理性，要加强对我国城市的科学规划，从而为我国城市建设提供帮助。

二、深圳市提升城市建设质量管理工作

（一）创新机制，为城市建设质量提升提供有效政策激励

建立优质优价机制，为高质量"加码"；建立鼓励采用新工艺、新设备、新技术、新材料的"四新"机制，为高质量"减负"；建立质量创优机制，为高质量"加分"。

（二）压实责任，确保质量提升各项工作任务落到实处

要明确监管责任，落实质量终身责任制，强化企业主体责任，严格落实质量责任；充分运用两法衔接、红色警示等机制，加大监管力度，对违法违规行为严厉查处，快处快罚，从严惩处；要建立科学的城市建设质量量化评价体系，要加强量化考评，通过检验分析、实测实量科学反映质量状况。

（三）明确目标，全力打造城市建设深圳质量深圳标准

牢固树立质量第一的理念，坚持高标准、高水平和高起点，落实世界眼光、国际标准、中国特色、高点定位的要求，铸百年建筑精品，树"深圳建造"品牌，打造城市建设新标杆，争当深圳质量排头兵，以高质量谱写城市建设发展新篇章。

（四）突出重点，强力推进城市建设质量提升"十大行动"

针对工作短板和其中的突出问题，着力开展工匠培育行动、建

筑工业化行动、品牌企业行动、绿色建筑行动、标准引领行动、市场净化行动、专项执法行动、技术创新行动、设计提升行动、精品工程行动共十项质量提升行动，系统化全方位地提升深圳建设工程质量水平。重点要发挥好技术的驱动作用、产业队伍的支撑作用、设计的龙头作用、标准的引领作用。

第二节
城市建设管理质量的法律制度框架

一、法治对深圳建设管理质量的保障作用

（一）良好的市民法律素质是实现深圳建设目标的重要基础

城市建设要和市民所具备的文明素质相匹配，因为市民是城市的主体。而以崇尚法治、信仰法治为理念，以自觉守法和依法办事为行为习惯的法律素质正是市民综合素质的核心内容，是深圳城市"软实力"的重要组成部分。一个宜居、文明、和谐的城市，必然是一个公民法律素质高、法治相对健全的城市。这一点，已成为国内外人士的普遍共识。所以建设法治城市是深圳建设的重要保障。

（二）法治精神是深圳城市建设的重要内涵

从现代文明的观点看，决定一个城市地位最重要的指标是它能否为聚居于此地的群体提供实现公民权利义务的平台，良好的公共服务和公共设施，以及支撑上述平台、服务、设施的法律法规和制度。因此，在深圳全体市民中牢固树立法治精神，是深圳城市建设中不可或缺的重要内容；发挥法治在深圳建设管理中的规范引导作用，用法制权威减少不和谐因素，调整各方利益冲突，通过树立深圳法治文明形象增强"软实力"和国际影响力，是深圳城市建设管理质量的应有之义。

（三）完善的法制体系建设是实现深圳建设目标的重要保障

中国特色深圳城市建设，一定要做到社会主义法制高度健全。在推进深圳的建设中，无论是保持经济平稳较快发展，还是实现可持续发展的目标，都需要法制做保障；安全、宜居、和谐的社会环境，需要法制来引导。可以说，完善的法制体系建设，是深圳城市建设管理的重要推力。

二、高品质高质量推进深圳城市建设管理

（一）大力推动城市管理制度改革创新

深圳坚持高标准建设、高起点规划、高质量管理，推动城市环境质量、城市服务、管理水平实现了新的提升。一是着力提升城市管理和生态环境质量，按照国际化、市场化和法治化的要求，进一步在城市管理的精细化上下功夫；二是着眼长远增强深圳城市发展后劲，抓好战略发展片区的前瞻性规划；三是大力推动城市建设体制机制改革创新；四是加快推进重大项目规划建设。

（二）高质量推进国际化先进城市建设

全面提升城市发展质量，抓紧推动国际化、现代化先进城市建设，要把握好五个方面的重点：一是坚持改革创新，不断激发城市发展的活力；二是坚持以人为本，在深度城市化中更好地保障和改善民

生；三是坚持国际视野；四是坚持绿色低碳，加快建设低碳生态示范市；五是坚持质量第一，更高质量推进深度城市化。

三、法治城市框架对深圳建设管理质量的要求

（一）完备的法律体系和成熟的法律服务市场

有法可依是我国法制建设的一项基本原则。法治深圳应当具备完备的法律体系，法律设定城市政治、经济和社会建设的方方面面，保证深圳城市的运行在法律的框架下有序发展。

法律服务市场包括通常所说的律师、公证、司法鉴定、仲裁等法律服务，也包括税务、审计等中介性、涉法性的服务机构，它是法治城市的必备要素，为深圳市民的生活、工作提供广泛的法律服务，使市民合理的法律需求及诉求的实现成为可能，从而促进了深圳的稳定与和谐。

（二）法治深圳才能保障城市建设管理质量的提升

法治城市首先要求政府必须是法治政府，只有政府首先在城市建设管理方面实行法治，才有可能实现城市建设的法治化。司法公正是维护公民合法权益，使公民权益得以实现的最后屏障，也是体现社会公平正义的显著标志。司法机关可通过改善司法环境、提高司法人员专业素质等途径来实现司法公正。没有司法公正就不可能实现社会公

平正义，更谈不上深圳城市建设管理的法治化。

（三）法治城市精神是深圳城市建设管理质量的理想状态

所谓城市精神，就是这座城市长期以来通过文化积淀而形成的精神风貌的集中体现，主要包括人权思想、权力制约、权利观念、法律至上、公民意识、正当程序、科学精神、无差别适用等现代法治精神和依法办事的原则等方面。法治城市是以丰富的法律文化为基础，通过良好的法律制度覆盖整个社会文化、政治、经济以及其他领域并保持理性运行且富有城市地方特色的社会文明状态。

四、《中共中央　国务院关于进一步加强城市规划建设管理工作 的若干意见》解读

（一）《中共中央　国务院关于进一步加强城市规划建设管理工作的若干意见》发布、任务及目标

《中共中央　国务院关于进一步加强城市规划建设管理工作的若干意见》于 2016 年 2 月 6 日发布，明确了城市规划建设管理工作的指导思想、总体目标和基本原则，并从七个方面提出了加强城市规划建设管理工作的重点任务。《意见》明确，城市规划建设管理的总体目标是：实现城市有序建设、适度开发、高效运行，努力打造和谐宜居、富有活力、各具特色的现代化城市，让人民生活更美好。

（二）如何加强城市规划建设管理工作

《意见》提出，要强化城市规划工作，增强规划的连续性、前瞻性、严肃性，实现一张蓝图绘到底。依法制订城市规划，依法加强审批管理、规划编制。改革完善城市规划管理体制，加强土地利用总体规划与城市总体规划的衔接，推进两图合一。提升城市建筑水平，塑造城市特色风貌，推进节能城市建设，营造城市宜居环境，创新城市治理方式，完善城市公共服务，完善城市治理机制，改革城市管理体制，推进依法治理城市，推进城市智慧管理，建成一批特色鲜明的智慧城市。严格依法执行规划，进一步强化规划的强制性，凡是违反规划的行为都要严肃追究责任。用 5 年左右时间全面处理并清查建成区违法建设，坚决遏制新增违法建设，等等。

五、《深圳市关于深入推进城市更新工作促进城市高质量发展的若干措施》解读

（一）时代背景

《深圳市关于深入推进城市更新工作促进城市高质量发展的若干措施》于 2019 年 6 月 14 日发布。本次《若干措施》的出台，就是要全面贯彻落实习近平总书记讲话精神，体现深圳城市最新发展要求，同时针对当前更新工作的实际问题，持续强化政府统筹力度，提出优化调整策略，推动城市更新工作实现从"全面铺开"向"有促有

控"、从"改差补缺"向"品质打造"、从"追求速度"向"保质提效"、从"拆建为主"向"多措并举"转变。

（二）理念内容

（1）《若干措施》针对城市更新管理工作强调要规范化，确保深圳城市更新"一盘棋"。首先是规范城市更新全流程管理，其次是完善与统一城市更新政策和标准。

（2）《若干措施》在绿色发展方面提出，在城市更新过程中全面贯彻"绿水青山就是金山银山"的发展理念。

（3）《若干措施》在历史文化遗产的保护和活化方面，从两个方面提出解决措施：一是健全历史文化遗产保护激励机制，二是加强城市更新单元规划中的历史文化保护专项或专题研究。

《若干措施》特别针对以往城市更新中相对薄弱的环节提出了很好的优化建议，其各部分的内容都围绕着"高质量"这一发展主题。

六、城市建设高质量管理应有之法律制度框架

（一）加快《深圳经济特区无障碍城市建设条例》的修订起草工作

深圳作为改革开放的排头兵，充分发挥了窗口和试验田的作用，在推进城市高质量建设与管理方面，为国家层面的科学立法、民主立

法提供了有利的探索。2020 年 9 月 2 日《深圳经济特区无障碍城市建设条例（修订起草稿）》全文公布，广泛征求社会各方面意见。《条例（修订起草稿）》指出，深圳市、各区人民政府应当把无障碍人文纳入文明城市建设范围，宣传推广无障碍理念、文化、政策、标准和知识，培育市民无障碍城市文化素养，厚植城市无障碍文明，助力深圳打造城市文明典范。

（二）推进法治中国建设，完善城市建设管理法律法规体系

深圳市委于 2018 年 10 月印发《关于学习贯彻中央全面依法治国委员会第一次会议精神的工作方案》（以下简称《方案》），扎实推进法治中国示范城市建设，努力打造社会主义现代化法治先行区。《方案》提出要加快制定出台《深化全面依法治国实践、努力打造社会主义现代化法治先行区"1+10+1"系列工作方案及配套指标体系》，全面部署今后一个时期深圳法制建设重点工作，从立法、法治政府建设等方面对深圳市全面依法治市重点工作予以明确。在立法方面，提出推进科学立法工作，主动适应改革创新和经济社会发展需要，积极推进物业管理条例、社会治安综合治理条例等法规的制定和修改工作，严格规范公正文明执法，让权力在"阳光"下运行。

第三节
城市建设管理质量建设法制体系的构建

一、构建法律服务体系建设，为城市建设管理提供高质量的法律服务

（一）着眼深圳城市建设管理新趋势，提供高质量法律服务

要着眼深圳融入国际社会新趋势、群众法律服务新需求，培育和完善法律服务工作体系，为政府、企业、市民提供全方位、高质量的法律服务；要大力拓展服务领域，为扩大内需、保障民生、完善基础设施、保护生态环境提供优质法律服务，为产业优化升级、自主创新、节能减排、加快土地经营权流转等重点领域提供法律服务，要充分发挥公证预防、证明职能，围绕深圳重点工程建设，依法依规做好重点环节的公证业务，积极维护人民群众的合法权益。

（二）发挥律师的作用，为深圳城市建设管理做贡献

要扩大律师工作覆盖面，让更多的基层群众获得及时有效的法律服务，要力争引进一批高端复合型法律人才和法律服务机构，建设面向全球的法律服务产业体系；要发挥律师行政应诉工作服务团的积极作用，深入推进律师参与人民调解和信访工作，为深圳城市建设管理做出更新更大的贡献。

二、传播法治精神，为城市建设管理营造良好的法治环境

做好深圳高质量建设管理的法律普及和教育工作，树立法律权威是城市建设的内在要求，也是社会稳定、经济发展的基础性工程。

（一）法制传播与社会主义核心价值体系建设相结合

既要发挥城市建设管理对公民行为养成的规范作用，又要发挥道德及理想信念对公民的引导教育作用，在全社会形成遵守社会主义核心价值观的理念，维护其法制权威的氛围。

（二）法制传播要坚持与文化建设相结合

城市建设管理法制体系是社会主义先进文化的重要组成部分。要把法治文化融入城市高质量建设管理的各个环节，把城市建设管理法治文化融入城市文化体系，体现在城市形象设计、基础设施建设以及城市规划等方面，不断增强城市建设法治文化的渗透力、引导力和感染力。

（三）法制传播要坚持与法治实践相结合

城市建设管理法治实践是社会主义法治在城市建设、城市管理领域的具体体现。要开展多层次多领域的城市建设管理法治实践活动，增强广大人民群众在广泛参与法治实践中的法治体验，提高公民主体意识，进一步树立高质量城市建设管理的新观念。

三、城市建设管理行政执法的改革与创新

（一）引入市场机制，推进网格管理

吸引社会力量和社会资本参与城市建设管理，鼓励各地通过政府和社会资本合作等方式，推进城市市政基础设施、市政公用事业、公共交通、便民服务设施等的市场化运营，推行市政维护、环卫保洁、园林绿化管养作业、公共交通等由政府向社会购买服务。建立社区网络并科学划分各个网格单元，将公共服务、城市管理、社会管理等纳入网格化管理。

（二）发挥社区作用，动员公众参与

加强社区服务型党组织建设，在基层社会治理中，我们要充分发挥党组织的领导核心作用，依法建立社区公共事务准入制度，充分发挥社区居委会作用，加大对物业管理等公共事务协调、监督力度。建立城市管理和综合执法智库。公众有序参与城市治理的渠道要保持畅通，推行城市管理部门与商户、企业、物业、媒体、协会、学校等共同治理，形成多元共治、共建共享、良性互动的模式。

（三）提高文明意识，深化文明城市创建

提升城市文明程度和市民文明素质。要积极开展新市民培训、教育，让新市民尽快融入城市生活。充分发挥各级党组织和工会、共青团、妇联等群团组织的作用，广泛开展城市文明主题宣传教育和实践

活动。构建城市管理诚信体系，将涉及法人、公民及其他组织的信用情况纳入诚信档案，建立完善信用信息依法公开和信用评价、"一站式"查询、守信激励和失信惩戒等制度。

第八章
CHAPTER 8

政府服务质量的
法制保障

　　高质量的政府服务，使深圳实现社会更和谐、经济更发展、政府更高效、城市更美丽、生活更幸福、文化更繁荣，推动经济社会各领域质量效益提升，加快建设中国特色社会主义先行示范区。曾经，凭借"深圳速度"，经济特区创造了工业化城市化的奇迹；而今，依靠政府对高质量服务的要求，深圳正迈向新的高峰。

　　质量引领，必须优化政府服务职能。深圳以重点领域改革突破带动营商环境优化。营商环境改革、不见面审批、工程建设项目审批"深圳90"改革，以及深港通、深澳通注册易等取得重大进展。企业开办便利度连续三年位列全省第一，创业密度保持全国第一。政府为市民提供高效优质公共服务，大力推广掌上政府、"指尖"服务、"刷脸"办事，数字政府建设走在全国前列。深圳阳光型、法治化政府建设，更是赢得众多点赞，深圳两次获中国法治政府奖，获中国法治政府十大典范城市之一。

　　高质量的政府服务已成为时代最强音。政府高质量的服务，是提升深圳经济活力、竞争力、创新力和影响力的必然要求。

第一节
高质量的政府服务是城市综合质量提升的重要体现

一、深圳政府服务高质量的内涵

（一）什么是政府服务质量

要理解政府服务质量，首先要了解"服务型政府"，所谓服务型政府，就是在公民本位、社会本位理念的指导下，在整个社会民主秩序的框架下，通过法定程序，按照公民意志组建起来的以为公民服务为宗旨并承担着服务责任的政府。服务型政府强调了服务的理念，政府工作的一切出发点和最终归宿都是给公民提供满意的服务。

公众满意程度，是衡量政府服务质量的最终标准。从大的方面来说，包含两方面的含义：一是政府职能要转变，从管制型政府向服务型政府转变；二是行政服务要确保准确可靠、快速回应、高效便捷、专业、公开透明，能够达到较好的社会效果，提供符合公众需求的、令公众满意的公共服务。

（二）深圳政府服务高质量发展

深圳市政府非常重视政府服务质量的提升。深圳市人民政府办公厅于 2011 年 9 月印发的《关于创造深圳质量的行动计划》中对政府服务质量提升行动指出，要"坚持优质高效，提升政府服务质量。以转变政府职能为核心，创新行政管理体制，优化政府运行机制，提高行政效率，努力建设服务政府、效能政府、法治政府、责任政府和廉洁政府"。

2013年5月13日，李克强总理在国务院机构职能转变动员电视电话会议上把"政府职能转变"总结为"既要把该放的权力放开放到位，又要把该管的事务管住管好"。转变政府职能，努力建设服务型政府。2015年年初，深圳32个市直部门晒出了"权责清单"，共梳理出行政职权事项5326项，在全国率先编制了覆盖市、区、街道三级的权责清单体系。晒清单，保证权力真放、实放，深圳用政府权力的"减法"换取市场活力的"乘法"。减少直接管理、微观干预和事前审批准入。强化间接管理、宏观调控和事中事后监管。对执法人员开展教育培训，不断提高执法能力，营造良好的监管执法氛围，顺利推进事中事后监管工作。

当前，深圳政府服务持续优化，更趋高效，依法治市优势确立。坚持公平公开、高效便民、集中集约的原则，全面提高政务服务质量。完善政府服务体系和平台建设，推进政务服务标准化、信息化建设，加强政务服务信息，公开和监督考核，畅通政民互动沟通渠道。通过多种渠道提供全程全时的透明化服务，实现政务服务以人为本，包容发展。

二、以高质量的政府服务助推深圳高质量发展

事实一再证明，只有不断提高政府服务质量和效率，才能聚集更多生产要素，更好地激发市场主体的发展活力。当前深圳正处于全面深化改革的攻坚期，应大力优化营商环境，以高质量服务助推高质量发展。

（一）进一步推动政府服务标准化

推动政府服务标准化，既是实现审批服务便民化的重要举措，也是政府服务高质量的内在要求，有助于提升政府行政效能，减少企业和群众办事时间成本和制度成本。

推动政府服务标准化，一是推动政府服务中心建设标准化。应从提高窗口服务的规范性、便利性入手，对服务现场的事、物、人进行可视化定位，实现设施设备管理、物品管理、人员服务管理、秩序管理、空间管理、文档管理的标准化。二是推动政府服务事项标准化。梳理编制基本要素清单，实现同一事项在纵向不同层级、横向不同区域间，保持办理流程、办理时限、设立依据、收费依据、申办材料、事项名称、示范文本等主要要素相对统一，使政府服务事项数据统一、同步更新、同源公开、多方使用，实现政府服务无差别受理、同标准办理。三是推动政府服务礼仪标准化。狠抓办公人员文明礼貌等方面的学习培训，统一规范服务礼仪，真正做到"细微之处见真情，服务之中树形象"。

（二）大力推进"互联网＋政府服务"

"互联网＋政府服务"，是深圳全面深化改革的重要环节，是互联网时代推进国家治理体系和治理能力现代化的客观要求。"互联网＋政府服务"不仅是政府资源整合、数据共享等技术层面的应用和改进，从本质上讲，更是政府治理理念、服务机制等方面的革新，对于政府加强和改善治理、更好提供公共服务具有重要意义。

推进"互联网＋政府服务"，一是研究制定管理办法，对数据共享开放的原则、措施以及大数据的采集、存储、开放、应用等做出明文规定，并对数据资源共享流程的标准化、规范化和高效化等予以明确。二是全面整合政府服务资源与数据，真正做到统一身份认证、按需共享数据，实现各类平台间互联互通，做到"单点登录、全网通办"，从根本上破除数据壁垒和"信息孤岛"，推进政府信息资源跨部门互联互通和协同共享。三是加大网上审批服务的宣传力度。提升网上审批的社会认知度，让群众和企业了解并熟悉互联网审批的流程，实实在在感受到互联网办公的安全、高效和便捷，从而主动通过互联网平台办理业务。

（三）提升窗口工作人员服务能力和综合素质

政府的窗口工作人员代表党和政府形象，企业和群众对于政府服务质量高低的直观感受也大多来自窗口工作人员的态度和能力。所以，提升窗口工作人员服务能力和综合素质，是提高深圳政府服务质量的重要一环。因此，我们一是要增强窗口工作人员服务能力，加强对窗口工作人员的专业知识培训，使其能够熟练掌握政府服务事项的办事流程、申办材料、收费标准、示范文本等，实现对办事企业和群众的"一次性告知"，提高办事效率。二是要强化窗口工作人员文明服务意识。按照统一的政府服务礼仪标准，从服务用语、仪容仪表、举止行为等方面进行规范，切实提高窗口工作人员文明素质，为企业和群众提供更温馨更优质的服务。

（四）建立健全企业群众满意度评价机制

提高深圳政府服务质量，根本出发点和落脚点是满足企业和群众多样性需求，让企业和群众少跑腿、好办事，让服务对象满意。所以，企业和群众的满意度是衡量政府服务质量的关键指标。建立健全企业、群众满意度评价机制，有助于督促政府部门进一步提高服务质量和水平。我们要综合运用现场和在线评价、统计抽样调查、第三方评估等多种方式开展满意度调查，进一步提升政府服务质量，更好地助推深圳经济高质量发展。

三、政府服务质量高才能使深圳市民生活更加美好

（一）政府服务高质量可提升市民生活的幸福感

2020 年 7 月，深圳首次入围多家权威机构评选的 2020"中国十大美好生活城市"，其中"政府服务意识"的公众满意度指标多次名

列第一。通过这一指标可以看出，政府服务质量与美好生活有着直接的关联度，深圳的公共服务正进入到高质量和高满意度阶段，其效能成果正转化为城市美好生活的幸福感。

在针对城市治理能力和社会服务的 20 多项满意度指标的调查中，深圳有 19 项都高于全国省会城市和直辖市平均水平。深圳市政府有很强的服务意识，既有温馨的礼貌用语，也有深层次的惠民"干货"。

2020 年 3 月 11 日，深圳市政府发布《深圳市 2020 年优化营商环境改革重点任务清单》。这一被誉为优化营商环境的深圳"一号改革工程"任务清单，涉及 14 个重点领域，共提出 210 项具体改革举措，打通了政府服务的"难点""堵点"。政府公共服务建设不是停留在改善服务态度和受理投诉的基本层次，而是深化改革，让政府服务质量朝国际化、整体性、结构性方向系统性提升。

（二）政府服务高质量可提升城市的竞争力

政府机构有很强的服务意识，既能让群众办事体验好，还能给整个城市带来竞争力。从这个意义上讲，政府优质服务是城市发展的软资源软实力，它不仅影响到整个城市的营商环境，还事关群众对政府机构的满意度。

深圳 2020 年 1 月至 5 月新增市场主体 11.63 万户，比去年同期大幅增长 8%。随着复工复产的全面展开，截至 2020 年 5 月底，深圳累计共有商事主体 337 万户。那么多的企业法人都把创业平台放在深圳，这是为什么？政府服务质量、服务意识是一个重要的吸引力。有关专家解析，政府服务是最均衡最普惠的公共产品，政府服务关系到群众满意度和社会公平度。

第二节
政府服务质量的法律制度框架

一、提升政务服务质量，设计法律制度框架

（一）全面推行政府权力清单制度

全面推行市、区政府及其工作部门权力清单制度，开展清理行政职权和编制权责清单工作。组织全市政府部门全面梳理行政许可、行政处罚、行政强制、行政征收、行政裁决、行政检查、行政确认、行政给付、行政指导、其他等10类行政职权，全面清理行政行为依据、界定行政职能、明确行政责任，并按法律、法规、规章规定的程序和内部操作流程，对每项行政职权逐一编制外部、内部行政职权流程图，明确受理、审查、批准、办结等各环节的步骤、顺序、时限、形式和标准，全面推进行政职权的法定化、公开化、透明化，为规范依法行政行为奠定坚实基础。

（二）健全完善依法行政工作报告制度

建立完善依法行政年度计划与报告制度。市政府各部门、各区政府（新区管委会）每年向市政府书面报告本年度依法行政工作情况，各区政府分别向市政府和区人大常委会书面报告本区推进依法行政工作情况。报告内容包括本地区、本部门本年度推进依法行政工作的安

排意见、工作重点、目标要求和所采取的措施、取得的成效、存在的问题以及对依法行政工作情况的检查、总结，推进依法行政工作中出现的新情况、新问题等。同时，各有关单位应当将书面报告设置于本单位工作网站中的醒目位置，便于社会公众查询，并提供接受意见或建议的渠道或联系方式。探索建立法治政府建设蓝皮书制度，每年定期发布全市法治政府建设的工作指引，指导市政府各部门、各区政府（新区管委会）开展依法行政工作。

（三）健全完善政府信息公开制度

全面修订 2006 年出台的《深圳市政府信息公开规定》，完善配套制度，进一步明确深圳市政府信息公开的主体、范围、程序等，规范政府信息公开程序，提升政府信息公开工作质量。根据国家、广东省有关文件要求，扎实推进深圳市行政权力运行、财政资金、公共资源配置、公共服务、公共监管等重点领域信息公开工作。通过政府公报、网络、媒体等便于公众知晓的方式，适时公布依法应当公开的信息。建立政府各部门信息共享机制，提升政府信息、资源的内部共享利用水平；创新政府信息公开渠道和方式，增强公众获取政府信息的便捷性，提升政府信息资源的外部集中服务水平。充分发挥政府信息依申请公开对保障公众权利和政府依法行政的积极促进作用。完善深圳市政府信息公开绩效评估指标体系，优化评分标准。开展市政府信息公开年度社会评议，加强社会监督。建立市政府信息公开工作意见投诉及责任追究制度。

二、深圳法院创新服务保障先行示范区建设

2019 年 8 月,《中共中央　国务院关于支持深圳建设中国特色社会主义先行示范区的意见》正式发布,支持深圳高举新时代改革开放旗帜,建设中国特色社会主义先行示范区。"高质量发展高地、法治城市示范、城市文明典范、民生幸福标杆、可持续发展先锋",五大战略定位明确了深圳的发展方向,为深圳先行示范区建设擘画了壮美蓝图。

(一)充分发挥司法职能作用,积极营造法治化营商环境

2020 年 2 月 14 日,深圳健良农林实业有限公司管理人发布一份公告,向债权人告知关于债权申报方式的新变化,即将原定的现场接受债权申报变更为通过"深圳破产微法庭"小程序进行申报。据悉,此案债权申报截止日期为 3 月 2 日,受新冠肺炎疫情影响,案件债权人分散在全国各地,无法通过线下方式进行现场申报。为此,深圳市中级人民法院推出"深圳破产微法庭"小程序,债权人可自行录入并上传相关证明材料,完成线上债权申报。

作为一款连接管理人、债权人、法官的线上办案平台,"深圳破产微法庭"小程序具有公告发布、债权申报、债权审核、债权分组、远程会议、组织表决、投票统计等多种功能,可为破产案件办理提供全流程支持。此外,小程序还具有多种会议模式,可灵活支持数人到千人规模的破产重组案件,真正实现了破产审判的"指尖沟通"与

"掌上办案"。"深圳破产微法庭"小程序的推出,不仅是深圳中院深入推进破产审判信息化建设的又一创新实践,也是多措并举、打造国际一流法治化营商环境的缩影。

(二)加强知识产权司法保护,科技创新激活发展原动力

深圳采用香港地区陪审制度审理知识产权案件。香港地区陪审员可以为合议庭认定外观设计是否侵权提供更加专业的意见,并为案件审理提供新思路与新知识。深圳两级法院探索具有港澳法律和技术专业背景的香港澳门地区专家陪审员与技术调查官制度,引入香港地区陪审员参与涉港知识产权案件审理,从而推动粤港澳大湾区知识产权案件裁判标准统一,让深圳的知识产权案件审理与香港和国际接轨,平等保护境内外知识产权主体的合法权益。

深圳两级法院坚持"保护知识产权就是保护创新"理念,加强粤港澳知识产权保护合作,充分发挥知识产权司法保护主导作用。面对知识产权司法保护需求旺盛的现实情况,深圳中院加强知识产权审判专业化建设、加大知识产权侵权惩罚力度、建立技术事实查明体系、完善知识产权多元化纠纷解决机制、探索外观设计专利快审示范判决机制,实施最严格的知识产权保护制度,打出了一套漂亮的"组合拳"。如今的深圳两级法院已成为国际知识产权诉讼的优选地,越来越多的中国企业运用知识产权经验拓展国际市场,越来越多的外资企业选择到深圳解决知识产权纠纷。

（三）打造行政审判深圳样本，努力创建"法治城市示范"

在全国率先设立行政审判中心，是深圳中院探索推进行政案件集中管辖改革的重要举措。2018 年 9 月，深圳行政审判中心揭牌启用，它是深圳中院贯彻落实司法改革的又一创新举措，在全国都是首创。

在深圳建设先行示范区的五大战略定位中，其中"法治城市示范"强调的是全面提升法治建设水平，用法治来规范市场和政府的边界。据专家介绍，在深圳法治政府量化考核指标中，有几项指标与行政审判直接挂钩，包括出庭应诉情况、败诉率、对司法建议的回复等，通过量化考核，倒逼行政机关重视行政诉讼。同时，深圳中院积极延伸行政审判职能，促进法治政府建设，通过出具司法建议与立法建议，推动完善法制体系。据了解，深圳市人大常委会和政府法制部门在立法的不同阶段都会向法院征求意见，法院则会针对立法草案中职权的设定、实施和罚则进行审查，努力提升立法水平，提高立法质量。

（四）强化环境民生司法保障，增强群众幸福感和获得感

"打造安全高效的生产空间、舒适宜居的生活空间、碧水蓝天的生态空间"，《中共中央　国务院关于支持深圳建设中国特色社会主义先行示范区的意见》中对"可持续发展先锋"的战略定位，对环境资源司法保护工作提出了新要求，也对深圳的生态文明建设和环境资源保护提出了新期待。

深圳中院不断加大环境资源司法保护力度，大力践行"绿水青山

就是金山银山"。探索完善环境资源审判集中管辖，支持检察机关提起环境公益诉讼，探索环境公益诉讼法律援助、环境公益诉讼基金、重点污染企业环保强制保险等制度创新，增强人民群众的幸福感和获得感；推进环境资源审判专业化建设；大力打击污染环境资源违法犯罪行为，对污染环境罪、非法收购野生动物类犯罪等对生态环境有重大影响的犯罪行为，坚决依法判处。

三、深圳南山"小政府，大服务"

营商环境质量高低直接影响创新发展的质量和速度，它是经济社会发展的风向标和检测仪。深圳市南山区以"最高效率和最好态度"的政府作为，将"服务一条龙和保护一条龙"配齐，整个城区变身创新孵化器，实现了自身可持续、高质量发展，将服务创新理念传播至粤港澳大湾区和全国各地。南山区先后获得了 2019 年政务公开"金秤砣奖"和"2019 年度中国营商环境百佳示范县市"第一名。

（一）"空气"般舒适的服务环境

"小政府，大服务"是企业对南山区服务型政府的普遍认知。政府创造公平的环境，企业发展不受打扰。而在企业需要的时候，政府服务又在你身边。这种润物细无声的营商环境背后是南山区各职能部门"对位思考，找到共赢点"的服务理念。运用大数据、信息化等现代科技手段，南山区深化审批制度改革，创新政务服务模式，形成了透明而高效的政务环境。

（二）精心构建知识产权保护机制

知识产权保护被誉为塑造良好营商环境的"压舱石"。南山区打造"联席会议＋联盟＋保护中心"三位一体的知识产权管理保护模式，加强营造公正公平的法治环境，呵护创新火种。南山区为企业提供全方位一条龙的知识产权保护服务，6000平方米的知识产权保护中心引进了知识产权出版社等36家权威机构，打通知识产权保护全链条，构建快速确权、维权、授权的保护机制，并积极探索知识产权证券化、融资创新服务，让创新的活力充分迸发。

（三）以高端法律服务护航高质量发展

深圳市南山区是国家"一带一路"倡议的重要支点，设有全国首个域外法律查明平台——蓝海法律查明和商事调解中心，引进了美国布林克斯律师事务所、斐锐律师事务所和英国罗思等多家国际机构，被最高人民法院确定为"港澳台和外国法律查明基地"。

（四）政务环境＋政策优势吸引高端人才

南山区坐拥前海蛇口自贸片区和前海深港现代服务业合作区，拥有透明高效的政务环境，加上在税收减免、外商准入等方面形成政策优势，吸引了大量外企和外资进入，包括苹果、空客、埃森哲等，全区累计引进世界 500 强投资的外资企业超 100 家。2019 年，南山区跟进的重点招商引资项目达到 216 个，落地 50 个项目，注册总资本达 306.94 亿元，18 家企业入库。近几年深圳市南山区瞄准投资兴业难点和痛点，引来了企业、资源、优秀人才，使其成为今天具有对外辐射能力的创新城区。

第三节
构建具有深圳特色的政府服务质量建设法制体系

一、加强法治政府建设，打造一流法治城市

（一）法治政府建设试点

2008 年，深圳市政府率先与国务院法制办签署《关于推进深圳市加快建设法治政府的合作协议》，深圳成为全国首个法治政府建设试点城市。深圳作为经济特区和改革开放前沿阵地，始终高度重视法治政府建设。特别是十八届三中全会以来，市委、市政府确立了国际化、法治化、市场化的改革主攻方向，把政府法治化作为全面深化改革的重要突破口，以"分阶段、项目化"方式部署了 3 个阶段、23 项专项行动，加快打造一流的法治城市。

（二）创新机制，科学立法

深圳大胆借鉴国外及香港地区先进立法经验，综合运用立、改、废、释多种方式，制定一批具有开创性、引领性的高质量法规规章，更好满足和服务全方位改革发展的需要。创新立法机制，发挥人大立法的主导作用。2014 年，深圳出台了《中共深圳市委关于进一步发挥市人大及其常委会在立法工作中主导作用的意见》，坚持专家参与、科学立法，进一步予以明确和规范立法调研、立法评估、公众有序参

与立法等立法程序，提高了法规草案和规章质量，保证了法律文件能更广泛地体现社会公众的需求，发挥对经济社会发展的引领和推动作用。在广东省 2015 年度依法行政考评中，深圳被评定为"优秀"等级；在中国政法大学法治政府研究院组织的 2016 年度"百城法治政府评估"中，深圳在全国 100 个被评估城市的政府中排名第二。

二、健全决策机制，构建法治政府考评体系

（一）建立健全重大决策运行管理机制

建立健全依法科学民主决策机制，依法确定行政决策权限，界定重大行政决策事项范围，把征求意见、专家论证、风险评估、合法性审查、公示听证、集体讨论、结果公布确定为重大行政决策出台的法定程序：建立重大决策终身责任追究制度及责任倒查机制，对超越法定权限、违反法定程序的决策行为以及行政决策失误造成严重后果的行为，依法依纪追究有关领导和直接责任人责任。

（二）大力推动法治政府考评体系建设

根据深圳开展法治政府建设考评的经验，结合建设一流法治城市的目标要求，坚持可比性、多元性、实用性、科学性原则，修订完善《深圳市法治政府建设指标体系（试行）》，及时调整法治政府建设标准，充分发挥法治政府指标体系的认知和评价功能，为法

治政府建设确定刚性、量化标准，通过量化的指标测评、考核、评估，促进政府程序法定、行为法限、职权法授、责任法定，增强法治政府建设的可操作性、科学性、针对性。积极稳妥完善法治政府建设考评工作机制，探索采取内部考评与社会评议相结合，推进法治政府建设考评，被考评对象自查和上级考评相结合，实地考察和书面审查相结合，定景评价和定性评价相结合等多元化考评方式，鼓励通过问卷调查、网上测评、征求意见等方式对考评对象的依法行政状况进行社会评议，鼓励邀请新闻媒体、专家学者、人大代表、政协委员及其他方面的代表参加内部考评，大力推行独立第三方评估机制。将法治政府建设考评纳入政府绩效考核，根据每年政府工作部署统筹安排，适时调整法治政府建设考评在市政府绩效考核中的权重，并向社会公布考核结果。

三、《深圳市法治政府建设指标体系》解读

（一）《深圳市法治政府建设指标体系》的修订

经深圳市委、市政府同意，修订后的《深圳市法治政府建设指标体系》（以下简称《指标体系》）于 2015 年 12 月 2 日正式发布实施。据了解，《深圳市法治政府建设指标体系（试行）》自 2008 年在全国率先施行以来，有力推进了深圳市法治政府建设。2012 年，深圳市因此获得了第二届"中国法治政府奖"。党的十八大以来，党中央对建

设法治政府提出了更高的新要求，一批法律法规和规章制度发生了变化，深圳市法治政府建设工作不断深入推进，《指标体系》有必要根据新形势、新要求做相应的修改和完善。

（二）《深圳市法治政府建设指标体系》的内容

修订后的《指标体系》共 10 个大项、46 个子项、212 个细项，指标设置更科学、合理；增加了科学立法、民主立法、权责清单、法律顾问制度、执法全过程记录制度、重大执法决定法制审核、执法信息共享等指标内容，体现了法治政府建设的最新要求。

《指标体系》体现党的十八届三中全会、四中全会精神和习近平总书记系列重要讲话精神，及深圳市第六次党代会精神，结合深圳市法治政府建设工作经验，做到指标设置高质量、易考核、可操作、有特色。对促进深圳市及各区政府及其部门公开公正、廉洁高效、守法诚信、执法严明起到重大推动作用。

四、深圳将推动数据立法，加快实现政府数字化

在 2019 年 12 月 1 日举行的深圳建设中国特色社会主义先行示范区"数字政府"高级别研讨会上，深圳市政务服务数据管理局局长刘佳晨介绍了深圳推进"数字政府"建设的主要成效，详解大数据究竟如何为深圳城市治理赋能，"数字政府"如何让市民受益，为市场主

体增添活力。

（一）93.88% 政务服务事项实现"零跑动"

据介绍，深圳持续以数据应用创新和业务流程再造为手段，着力实现政务服务便利化普惠化。全市大力推进政务服务"一码管理、一门集中、一窗受理、一网通办、一号连通、一证申办、一库共享、一体运行"。现在全市 99.3% 的政务服务事项已集中进驻深圳政务服务大厅，实现 99.92% 的政务服务事项最多跑一次，93.88% 的政务服务事项"零跑动"，在 2019 年发布的全国 32 个重点城市网上政务服务能力排名中位列第一。

（二）大数据平台建设为深圳政府高质量服务现代化赋能

信息化技术是更好打造共建共治共享社会治理格局、最大限度凝聚社会治理合力的有效手段，深圳 2018 年出台全国首个《社会管理要素统一地址规范》地方标准，建成全市全口径动态更新的"一码多址"统一地址库，实时联通市社保、规划、公安等 41 个部门，为基层开展精细化治理、主动服务提供了精准"底数"。深圳依托大数据平台建设"交通大脑"，在全国率先打造区块链电子发票系统，通过整合政务和社会相关数据，有效实现对全市新兴金融企业的监测，对金融风险起到防范作用。

（三）《关于加快推动 5G 网络建设的若干政策措施》实现深圳数字化

作为 5G 技术排头兵的广东省，在 2020 年《关于加快推动 5G 网络建设的若干政策措施》中提到，要将 5G 基站专项规划纳入各地国土空间规划。5G 将推动部分领域向数字化、智能化发展，加快建构数字化、智能化学校形态，人才培养结构也面临着最深刻的调整。

加快智慧城市和数字政府建设，让数据来说话。如果没有先进的信息基础设施做支撑，深圳的数字化转型将是无本之木。在基础设施建设方面，深圳正在以安全防护和开放共享为准则，建立完善"四个体系"，即信息数据安全体系、数据开放体系、基础设施支撑体系、数据共享体系，确保"数字政府"建设底座全面筑牢。

2020 年深圳成为全国首个 5G 独立组网全覆盖的城市。经信息通信研究院审核，截至 2020 年 8 月 14 日，深圳 5G 基站建设数量 46480 个。深圳 5G 基站密度位居国内第一，其产业规模、5G 基站和终端出货量居全球第一。5G 技术的全面推进为成就深圳智慧之城、加快实现深圳政府服务高质量奠定了基础。

参考文献

REFERENCE

1.陈彪.质量发展的实践与创新——从"深圳速度"向"深圳质量"的跨越[M].北京:中国标准出版社,2019.

2.张骁儒,王世巍.以质取胜:全方位提升"深圳质量"研究[M].深圳:海天出版社,2015.

3.综合开发研究院(中国·深圳).城市化质量与转型升级[M].北京:中国经济出版社,2015.

4.刘字濠.深圳迈向高质量发展阶段的龙岗路径[M].北京:新华出版社,2019.

5.黄小路.上海法治质监建设之路[M].北京:中国质检出版社,2015.

6.深圳市知识产权经典案例汇览项目组.深圳经济特区40年知识产权经典案例汇览[M].北京:中国法制出版社,2019.

7.罗思,李朝晖.深圳法治发展报告(2019)[M].北京:社会科学文献出版社,2019.

8.张军超.深圳市经济增长质量的统计研究[M].北京:中国国际广播出版社,2018.

9.焦慧莹,杨晓曦.国际能效标准与深圳质量经济研究[M].天津:天津大学出版社,2018.

10.王敬波.城市管理办法理解与适用[M].北京:中国法制出版社,2017.

11.朱未易.城市法治建设的法理与实证[M].北京:中国社会科学出版社,2014.

12.王光.城市法治环境评价体系与方法研究[M].北京:人民公安大学出版社,2004.

13.郑文武.当代城市规划法制建设研究:通向城市规划自由王国的必然之路[M].广州:中山大学出版社,2007.

14.熊进光.现代金融服务法制研究[M].北京:法律出版社,2012.

15.舒扬.现代城市法治研究[M].北京:人民出版社,2008.